CORRIDA PARA MORTAIS

Um plano inteligente para transformar sua vida por meio da corrida

CARO LEITOR,

Queremos saber sua opinião sobre nossos livros.
Após sua leitura, acesse nosso site (www.editoragente.com.br),
cadastre-se e contribua com sugestões, críticas e elogios!
Boa leitura!

Observação: As informações neste livro são para suplementar – não substituir – treinamento de exercício apropriado. Todas as formas de exercícios apresentam alguma inerência de riscos. Os editores e divulgadores advertem os leitores a se responsabilizar completamente por sua segurança e conhecer seus limites. Antes de praticar os exercícios apresentados, certifique-se que o seu equipamento está sob boas condições, e não se arrisque além do seu nível de experiência, habilidade, treinamento e aptidão. O exercício e os programas de dietas neste livro não são substitutos para nenhuma rotina de exercícios ou regime de dieta que possam ter sido prescritos por seu médico. Como em todo exercício e programas de dieta, você deve receber a aprovação do seu médico, antes de iniciá-los.

A menção específica de empresas, organizações ou autoridades nesta obra não implicam endosso do autor ou divulgador, nem a menção específica de empresas, organizações ou autoridades implicam que eles endossam este livro, assim como seu autor ou editor.

Endereços de internet fornecidos neste livro eram precisos ao tempo da sua publicação.

JOHN "PINGUIM" BINGHAM
colunista da **RUNNER'S** *(edição dos EUA)*
E JENNY HADFIELD

CORRIDA PARA MORTAIS

Um plano inteligente para transformar sua vida por meio da corrida

Tradução
Sonia Belloto/Soraya Soares

Revisão Técnica
Miguel Sarkis

Gente editora

Diretor-Geral
Henrique José Branco Brazão Farinha
Gerente Editorial
Eduardo Viegas Meirelles Villela
Editor-Assistente
Cláudia Elissa Rondelli
Editor de Desenvolvimento de Texto
Juliana Nogueira Luiz
Editor de Produção Editorial
Rosângela de Araujo Pinheiro Barbosa
Controle de Produção
Elaine Cristina Ferreira de Lima
Preparação de Texto
Sonia Belloto
Projeto Gráfico
Juliana Midori Horie/Know-how Editorial
Editoração
Juliana Midori Horie/Know-how Editorial
Capa
Rubens Lima
Revisão
Larissa Wostog Ono/Know-how Editorial
Tradução
Sonia Belloto/Soraya Soares
Revisão Técnica
Miguel Sarkis
Foto de capa
Eric Hood/iStockphoto.com
Fotos de miolo
Jim Luning
Impressão
Paulus Gráfica

Título original: *Running for mortals*

Rua Pedro Soares de Almeida, 114
São Paulo, SP – CEP 05029-030
Telefone: (11) 3670-2500
Site: http://www.editoragente.com.br
E-mail: gente@editoragente.com.br

Dados Internacionais de Catalogação na Publicação (CIP)
(Câmara Brasileira do Livro, SP, Brasil)

Bingham, John
Corrida para mortais : um plano inteligente para transformar sua vida por meio da corrida / John "Pinguim" Bingham e Jenny Hadfield ; [tradução Sonia Belloto, Soraya Soares] . -- São Paulo : Editora Gente, 2009.

Título original: *Running for mortals*
ISBN 978-85-7312-516-0

1. Corrida a pé 2. Corrida a pé - Treinamento 3. Corridas de longa distância 4. Maratonas - Corridas I. Hadfield, Jenny. II. Título.

09-09557 CDD-796.4252

Índice para catálogo sistemático:
1. Maratona : Corrida a pé : Esportes 796.4252

Para Roy Hadfield

Sua vida foi o seu legado

Agradecimentos

Quando nos sentamos para escrever *Corrida para mortais*, foi um pouco como se estivéssemos efetivamente correndo em uma maratona pela primeira vez. Apesar de nos conhecermos há vários anos, não estávamos realmente seguros sobre o que esperar da tentativa de combinar nossas energias criativas para escrever um livro.

Com o mesmo tipo de ingenuidade abençoada que acompanha a maioria dos iniciantes, nós escrevemos, rimos e nos ocupamos durante toda a dissertação. E quando ela estava completa, sentimos um alívio e uma satisfação que vem da realização do desconhecido.

Este livro foi como uma segunda maratona. A boa notícia é que você sabe o que esperar dele. A má notícia é que você sabe o que esperar dele. Ingênuo, não mais, você vivencia cada quilômetro – cada capítulo – como um evento em si. E quando ele termina, a sensação é mais de dúvida do que de alívio.

Existem pessoas, sem as quais este livro nunca teria nascido. Nós gostaríamos de agradecer a Jim Luning, um fotógrafo maravilhoso e doido por motocicletas que tirou todas as fotos, e a Teresa Nightingale, suprema mestre da web, pela edição das fotos. Ainda gostaríamos de agradecer a Inge Johnson pela foto da capa.

Obrigado, também, a Brendan York, Adam Wille e Jeff Haas, fisioterapeutas da Athletico,* por sua ajuda no capítulo sobre a prevenção de lesões.

E um obrigado muito especial a Kathy O'Malley pelo apoio constante, pela amizade incondicional e pelo uso do seu sítio, que nos proporcionou um ambiente tranquilo para pensar e escrever.

John e Jenny

* Athletico refere-se a uma clínica americana que trata de problemas ortopédicos em atletas. (N.R.T.)

Prefácio à edição brasileira

O ser humano foi estruturado para se mover. Músculos que não se exercitam tendem a atrofiar-se progressivamente, dando origem a modificações estruturais e funcionais que provocam a queda do desempenho muscular. Pesquisas indicam que, a partir dos 30 anos, ocorre uma perda gradual de massa muscular, acarretando a diminuição da força física. Isso significa que músculos abdominais enfraquecidos são incapazes de manter a postura correta, gerando problemas posturais que podem até prejudicar o aparelho respiratório, e provocar uma redução precoce e acentuada da capacidade de trabalho nas articulações intervertebrais.

Para dar a largada, abandonar o sedentarismo e ter saúde muitas pessoas estão cada vez mais buscando a corrida como uma porta de entrada para a vida saudável. Pesquisas no mundo inteiro mostram os benefícios desse esporte. Quando corremos, provocamos um aumento do número de glóbulos vermelhos em nosso sangue, facilitando o transporte de nutrientes e do oxigênio que respiramos. As nossas células musculares conseguem metabolizar o ácido lático – substância responsável pela fadiga – de uma maneira mais eficiente, o que resulta em um melhor aproveitamento muscular. Os vasos sanguíneos em nossos músculos também aumentam a sua capilarização, possibilitando uma redução do volume necessário de irrigação do grupo muscular envolvido no movimento. A nossa ventilação faz parte das funções que sofrem adaptações com o exercício.

O sangue que passa pelos pulmões para receber oxigênio, que por sua vez será transportado para o organismo, aumenta linearmente durante a corrida. Dessa forma, a fração de ar inspirado e expirado aumenta proporcionalmente com a demanda e consequentemente há aumento de trabalho em nossos pulmões. E aí já pensou em começar um programa de corrida ou aprimorar seus treinos que já vêm realizando?

Esta é a missão de *Corrida para mortais*: mostrar que por meio da corrida é possível trazer movimento para o seu corpo, mudar hábitos e trazer uma melhor qualidade de vida para o seu dia a dia. A maioria das pessoas que estão insatisfeitas com sua atual condição física procura recuperar anos de inatividade física em apenas alguns meses. Essa busca geralmente frenética é danosa para o organismo e traz uma infinidade de consequências, como lesões articulares e musculares, além de, principalmente, uma sobrecarga no coração. Por meio da leitura deste livro é possível aprender a melhor maneira de respeitar seus limites, sem exagerar na intensidade do treino, mesmo achando que pode forçar um pouco mais. A cada capítulo você aprenderá a manter-se fiel aos compromissos que fez consigo. Ele mostra que o segredo é estabelecer para si objetivos específicos e fáceis de cumprir. Lendo *Corrida para mortais* será possível aprimorar sua corrida gradativamente.

Outro aspecto abordado neste livro está relacionado com fatores psicológicos. Existe um momento na corrida em que você sente que seu corpo e mente são capazes de correr para sempre. Uma emoção privilegiada em que pernas e músculos parecem fluir sem qualquer esforço. Esse estado mental é caracterizado pelas ondas cerebrais que trabalham em uma frequência mais baixa e proporcionam um relaxamento profundo, para que tudo aconteça de uma forma mais agradável. Nessa fase, seu organismo apresenta um estado de equilíbrio entre o consumo e a produção de oxigênio. Não espere atingir esse estado com algumas semanas de treino, pois tal estado de equilíbrio é treinável. Tenha paciência e perseverança, pois ao ler *Corrida para mortais* até o fim, você certamente conseguirá atingir o ápice do desempenho, com a mente e o corpo em uma zona ótima de trabalho.

O livro também ensina como buscar a condição ideal da pratica da corrida. Isso não significa que devemos nos tornar neuróticos, a ponto de alcançar a perfeição. Buscar o ideal não significa buscar a perfeição – é buscar sempre o melhor ou estar próximo dele. Muitas vezes a condição ideal que temos está bem distante da que projetamos, mas na verdade é o melhor que temos naquele momento. O estado psicológico ideal para quem pratica a corrida, quando acontece, retira da nossa mente qualquer dúvida a respeito do nosso potencial e da nossa capacidade em alcançar metas. Gera autoconfiança, segurança e condições para arriscar cada vez mais na busca de um condicionamento físico que satisfaça.

O sucesso do seu programa de corrida está relacionado com a sua capacidade de planejar e organizar sua vida profissional e pessoal. Planejar parece ser um tema difícil para muitas pessoas, que geralmente estão preocupadas em fazer o que mais gostam, e este livro ajuda e muito nesse fator fundamental. Um bom planejamento é aquele que estabelece metas reais e possíveis. Dessa maneira, o seu planejamento deve abranger todos os momentos de sua vida e deve estar intimamente ligado à sua motivação. Com a sua vida mais organizada e com seus treinos bem distribuídos durante a semana, a possibilidade de perder treinos ou desistir do seu programa de corrida com certeza será bem menor. Em *Corrida para mortais*, você terá ferramentas importantes para distribuir melhor os seus treinos e aprender a ser um corredor que otimiza sua programação de corrida em busca de um condicionamento físico que obedece às últimas tendências da teoria do treinamento. Boa leitura para quem já é corredor e para o futuro corredor também.

Aulus Sellmer

Treinador de corrida, diretor técnico
da assessoria esportiva 4any1 e
colunista da Rádio Eldorado

Sumário

Introdução

Feche os olhos e pense em um corredor. O que você vê? Se você vê alguém com 1% de gordura corporal correndo sozinho ao longo de uma rodovia no deserto, então você precisa continuar lendo este livro. Não é mais assim.

Roberto Fulghum escreveu que tudo o que ele realmente precisava saber, aprendeu no jardim de infância. Entre outras coisas, ele aprendeu que é importante jogar limpo, compartilhar, colocar tudo de volta no lugar e dar a descarga no banheiro.

Nós acreditamos que, de fato, aprendemos tudo o que precisávamos saber sobre correr maratonas bem antes de entrarmos no jardim de infância. Tão logo aprendemos a andar, queríamos correr. Nós sabíamos que, com nosso andar titubeante, a melhor maneira de irmos do lugar onde estávamos até aonde queríamos, era correndo. E ainda é!

Como crianças pequenas, sabíamos que correr sem razão alguma era um dos maiores prazeres da vida. E ainda é.

A porta se abria e nós saíamos correndo. Corríamos em círculos. Nós perseguíamos. Corríamos de lado a lado. Corríamos até não podermos correr mais e depois parávamos. Isso ainda é um plano muito bom.

Ainda que precocemente, na infância, muitos de nós descobrimos a diversão de correr e, decerto, não éramos tão bons assim nisso. Nós gostávamos e até nos sentíamos bem. Nós queríamos fazer isso. Mas, de alguma forma, saber que os outros eram mais rápidos acabava com a nossa alegria de correr.

Eventualmente, muitos de nós paramos de correr. Paramos porque tínhamos medo das comparações que os outros poderiam fazer. Paramos porque tínhamos medo de parecer ridículos ou lentos, ou de que rissem de nós.

Entretanto, essas imagens ainda estão presas em nossas mentes. Ainda que vejamos outras pessoas correndo, por qualquer razão, não nos vemos como corredores. Bem, as coisas mudaram.

Está ocorrendo uma revolução na corrida – uma mudança que começou devagar nos anos 1990 e tem crescido completamente. Iniciou-se pelos caminhos das cidades e nas ruas de cidades pequenas. Alguns poucos, mas corajosos, entre homens e mulheres, se arriscaram – embora envergonhados – a sair para espaços abertos, entusiasmados pela corrida, e isso tem levado a um comovente aumento de participação na história da maratona.

A edição mais recente da revista *Runner's World* sugere que há quase 40 milhões de corredores só nos Estados Unidos – 24 *milhões de corredores.* Você sabe que nem todos são magros, e que isso é só uma ideia em sua imaginação. Os corredores de hoje em dia se dividem entre rápidos e vagarosos, magros e não tão magros, jovens, idosos, homens, mulheres e todas essas associações.

Os corredores de hoje em dia nem sempre competem. Eles correm, caminham e correm mais um pouco. Alguns simplesmente caminham. E essa é a beleza da corrida nos tempos modernos. Você pode ser um corredor, ainda que não corra.

Tudo o que você precisa para se convencer é olhar os milhares de participantes nas linhas de largada dos eventos de corrida de longa distância. Nos eventos gigantes de entretenimento, como a Maratona Rock'n'Roll,* quase 20 mil homens e mulheres, que podem ser seus amigos, vizinhos e colegas, vão aceitar o desafio, mesmo que, para a distância, não estejam tão bem preparados fisicamente quanto você.

Eles aceitarão o desafio, porque já sabem o que você está prestes a descobrir: que nos dias de hoje, qualquer pessoa com espírito de corredor, independentemente da idade, sexo ou peso pode começar o processo de se tornar um corredor. Isso é tão simples quanto querer correr, planejar a corrida e executá-la.

---

* Maratona local dos EUA. (N.R.T.)

O motivo pelo qual você corre não é tão importante quanto o fato de correr. Se você for como muitas das pessoas que encontramos em nossos treinamentos e programas online, provavelmente deseja correr para perder peso. Os anos e as escolhas estão começando a entrar em seu caminho, levando você ao lugar certo.

Certamente, o que você pretende é ficar em forma. Talvez o seu corpo tenha começado a se parecer um pouco mais com os de seus parentes mais velhos, como daquela tia bem idosa, cujo braço curvado continua a balançar, mesmo depois de ter parado de dar adeus a alguém, não é?

Pode ser que você esteja simplesmente procurando um novo desafio, quando se chega naquele momento da vida em que quer saber o que está por vir.

Seja qual for sua razão para correr, você já tomou a decisão mais difícil, mesmo que provisória, para descobrir o que é preciso fazer para se tornar um corredor. Saiba que, daqui para frente, nenhum passo será tão difícil quanto esse.

A verdade é que a única coisa que você tem que fazer para ser um corredor é correr. Parece óbvio você ficar chocado com a forma como algumas pessoas compreendem claramente a elegante cumplicidade do esporte.

Você não precisa ter pernas longas, quadris estreitos, músculos vigorosos ou abdome redondo. Nem precisa de coração ou pulmões super-humanos. Você não precisa de nada, além de força de vontade.

Realmente, existe uma sacada, e não há jeito de escapar disso: você precisa aprender a correr no corpo que tem neste exato momento. As pernas que você usa diariamente são as pernas de um corredor. Elas não são curtas demais, nem longas demais. Elas são como são.

O mesmo se aplica para o resto do seu corpo, assim como para sua mente e seu espírito. Você, e somente você, é a pessoa que terá de se tornar um maratonista. Não há arma secreta, pílula mágica, nem lampejos que permitirão transcender o que você é.

Você terá de se tornar um corredor como um todo, e não somente as partes que efetivamente correm. Não faz diferença alguma ter pernas de um corredor se você não tem alma de um. Não fará a menor diferença treinar o seu corpo para aceitar novos desafios e recompensas se você mantiver a sua mente do jeito que ela é. É devoção total e compromisso integral de corpo, mente, emoção e espírito. O corredor de hoje é mais do que apenas um atleta. Ele é atleta, treinador, filósofo, poeta e contador de histórias. Entende que os velhos tempos em que fazia o que os outros esperavam, há muito se foram. O corredor atual sabe que a busca pela própria excelência e potência é solitária.

Nós somos seus guias. Não podemos mostrar seu caminho a você, mas podemos dizer sobre o nosso. Podemos mostrar onde erramos e onde você talvez tenha mais tendência a errar. Podemos contar sobre as nossas alegrias e frustrações, nossos sucessos estonteantes e nossos fracassos agonizantes. Podemos dizer porque estivemos lá.

Durante todo o livro, faremos algumas sugestões, colocando diante de você os planos e programas que irão ajudá-lo a conquistar os seus objetivos, com informações para que possa tomar decisões mais pontuais sobre o que comer e como se exercitar.

Neste livro você encontrará dicas, ferramentas e técnicas valiosas com as quais conquistamos milhares de pessoas, exatamente como você. Algumas dessas sugestões farão sentido, enquanto outras poderão parecer realmente idiotas. Mas não se preocupe, pois o que fizer sentido, você poderá tentar. O que parecer idiota, você pode deixar de lado.

O que importa é que descubra o que funciona ou não para você. É importante que perceba o que faz com que se sinta melhor ou pior. E que possa se ajudar a tornar-se o corredor que você quer ser.

Estaremos aqui para apontar o caminho, avisar sobre os perigos, de modo a evitar que você cometa os erros mais óbvios. Seremos honestos com você, para que aprenda a ser honesto com você mesmo.

Uma vez que tenha virado a página, não haverá volta. O seu passado terá ficado para trás. E, dia após dia, um passo de cada vez, você se moverá para frente, em direção a quem você quer ser.

Estamos torcendo para que você comece a mudar a sua vida, com os dois pés no chão, até que se torne um corredor.

Boa corrida!

SEÇÃO I

Preparando-se para começar

1 Conheça seus guias

Pérolas de sabedoria do Pinguim

O milagre não é terminar. O milagre é ter a coragem de começar.

Essas duas frases mudaram a minha vida – e depois a vida de milhares de pessoas que as leram. Elas mostraram para tantos de nós o que realmente há em nossos corações.

Preparar-se e terminar não é um milagre. Com paciência e bom humor, todos nós podemos alcançar os nossos sonhos.

O milagre é sermos capazes de alcançar e encontrar alguma parte de nós mesmos que ainda acredita que os nossos sonhos são possíveis.

Conheça John "Pinguim" Bingham

Provavelmente eu sou a última pessoa que você imaginaria escrevendo um livro sobre corrida. Durante a maior parte da minha vida, pensei serem os corredores algum subtipo de humanos malucos. Eu sempre me perguntava: por que alguém iria desejar se submeter à dor de competir?

A minha própria carreira como maratonista – e gosto de chamar isso de carreira de corredor – não começou antes de eu completar 43 anos. Nessa idade, eu estava acima do peso (cerca de 34 kg a mais do que eu tenho neste exato momento), e havia fumado durante 25 anos e bebido além da conta.

Eu também cresci em uma família na qual comer demais era uma filosofia de vida. Na minha família, comida estava em toda parte; significava amor e era sempre motivo de celebração. Para nós, comida era tudo, exceto comida.

Independentemente do que acontecesse em nossa família, nós comíamos. Sue e Mart se casaram? Vamos comer. Betsy teve um bebê? Vamos comer. De fato, não havia nada que fosse tão horrível que você não pudesse comer em função disso. Velórios e funerais eram somente ocasiões para encher a mesa com um super buffet.

Então, a toda hora as pessoas me perguntavam: O que aconteceu, afinal? Como um sedentário, fumante, beberrão e comilão de meia-idade repentinamente decide começar a se movimentar, parar de fumar, de beber e mudar seus hábitos alimentares?

Bem, a triste verdade é que eu não tenho uma resposta mirabolante. Não houve um momento de epifania e iluminação quando percebi que a minha vida tinha perdido o controle. Como nunca fui atlético, não foi como se o "fantasma de um passado de condicionamento físico" tivesse me visitado no meio da noite e me lembrado de como era a minha boa forma.

E a verdade adicional é que, quando você tem tantos maus hábitos quanto os que eu tive, não pode mudar todos de uma só vez. Tornar-me mais ativo e mudar meu tipo de alimentação foi a parte fácil. Fumar e beber foram hábitos dos quais eu tive que me livrar, antes de fazer as mudanças permanentes.

Não é como se eu estivesse vivendo no planeta Xenon. Eu sabia que o fato de comer, beber e fumar – sem mencionar a completa ausência de qualquer tipo de exercício – não era o mais saudável dos estilos de vida. Eu sabia de tudo isso, mas não queria fazer nada a respeito.

Bem, isso não é completamente verdade. Como tantos outros, de vez em quando eu também ficava entusiasmado e decidia perder peso. Algum programa de dieta prendia a minha atenção, e eu me comprometia a segui-la ao pé da letra.

Então, tentei a dieta das proteínas sem carboidratos e dos carboidratos sem proteínas, que me diziam que era a "dieta do atleta". Em nome da atitude de emagrecer, eu misturava bebidas que mal conseguia engolir, colocava no iogurte uma farinha que tinha um cheiro horrível, deixando-o com um sabor insuportável, mas nada funcionou por muito tempo.

Logo eu dei um jeito de criar três guarda-roupas. Tinha o das roupas largas, o das justas e o dos meus uniformes de treinamento da infantaria armada – que eu sabia que nunca voltariam a servir em mim.

Até tentei correr uma ou duas vezes. E foi só isso – uma ou duas vezes. Eu odiei e desisti.

No entanto, daquela vez, eu estava determinado a me tornar um corredor. Enquanto permanecia na minha rua, a profundidade da minha ignorância começou a se assentar. Eu não tinha ideia do que fazer, e pensava: Por que teria? Na televisão, por exemplo, eles nunca mostram velhos homens obesos correndo – nunca. A única corrida que vi na TV foi nas Olimpíadas, e aquelas pessoas eram todas jovens e magras.

Mas eu estava lá e tinha que fazer alguma coisa. Eu imaginava que corredores tinham apenas que correr tão rápido e tão longe quanto podiam, toda vez que corriam. Fiquei ali por um tempo e, depois, com um grito primitivo, desci até o final da rua, a toda velocidade.

Durante aproximadamente 8 segundos, a minha pista, que tinha somente 4 metros de comprimento, de repente pareceu se estender até o horizonte. Não demorou mais 8 segundos para eu terminar curvado, com faltar de ar, cambaleando, tossindo e imaginando o que no mundo me fez entrar nessa.

Olhando para trás, sei que aquela foi a hora da verdade e o momento da minha escolha. Atrás de mim estava a vida que eu conhecia. Eu era proprietário de nove motocicletas, dois carros, um trailer, um trator de jardim e um cortador de grama a gás. Não havia como me exercitar. Portanto, eu não corria perigo de me exceder.

Tudo o que eu sabia a meu respeito ficou para trás: os cigarros, o porre, o estilo de vida indulgente. Tudo o que eu tinha a fazer era mudar de atitude e acabar com aquelas tolices.

Para minha grande surpresa, corrigi-me e fui em direção ao abismo. Corri um pouco, andei um bocado e tropecei tão longe quanto eu pensei poder ir. Quando me virei para ver se eu sabia onde estava, eu ainda podia ver a minha casa. Eu havia dado tudo de mim – o meu melhor esforço – e nem mesmo conseguia perder a minha casa de vista!

Mas isso foi um começo, e foi o meu começo. Estranhamente, naquele primeiríssimo dia, esse começo acabou me mostrando que eu tinha jeito para correr.

Estava claro que eu não tinha o corpo de um corredor, mas tinha a mente de um competidor. Então, quando voltei para casa fui até a garagem, entrei no meu carro, dei a partida e medi o quão longe eu havia corrido. Foi quando confirmei: 400 metros.

Quase todos os dias eu coloquei os meus tênis apertadíssimos e saí correndo pela porta. Aos poucos eu progredi e parei de usar a jaqueta, o gorro de lã, as luvas de esquiar e corria somente um pouco mais longe toda vez que saía.

Eu corria pela manhã ou à noite, quando tinha certeza de que não seria visto. De fato, quando um carro se aproximava, eu fingia que estava procurando algo na beira da estrada. Eu estava convencido de que a visão de um homem velho e obeso correndo em um moletom seria o suficiente para fazer qualquer motorista explodir de tanto rir.

Naqueles primeiros dias e semanas iniciais, eu era movido mais pela raiva e frustração do que por qualquer outra coisa. Eu não podia acreditar no que havia feito comigo até então, e por isso estava fazendo aquilo para mim e por mim mesmo.

Entretanto, naquele humilde começo percebi o quanto correr estava trazendo coisas boas à minha vida. Mais tarde, correr no curso da maratona original em Atenas, no coração de Florença, na Itália, ou no estonteante solo da Antártica – tudo isso tinha começado com aqueles 8 segundos.

Logo, se não fossem aqueles 8 segundos, não haveria a Maratona da Cidade de Nova York e nem de Chicago. Não existiria nenhuma coluna na *Runner's World,* tampouco livros para serem escritos. Sem aqueles 8 segundos iniciais, eu teria sentenciado uma vida de confinamento sedentário a mim, além de continuar a comer, beber e fumar até não poder me mexer mais.

Tudo o que estamos pedindo a você são aqueles 8 segundos iniciais de sua vida. E você tem a minha palavra de que não importa como se sinta durante os oito primeiros segundos, porque eles mudarão a sua vida para sempre.

Conheça a treinadora Jenny Hadfield

Eu costumava gostar de correr. Corria atrás dos meus amigos enquanto jogava pega-pega e bandeirinha nas ruas da vizinhança, e brincava de corre-cotia no jardim da infância.* Não foi antes de crescer que desenvolvi uma relação de amor e ódio pela corrida. Eu adorava a aventura de correr e queria ser uma corredora, mas odiava toda vez que tentava.

---

* Os nomes das brincadeiras aqui citadas foram adaptados ao contexto do Brasil, porém ainda pode haver variação em suas nomenclaturas, dependendo da região onde o leitor reside. (N.R.)

Eu era uma adolescente ativa, mas rechonchuda. Adorava esportes como voleibol e basquetebol. Porém, toda vez que eu corria, fracassava. Para mim, correr era uma forma de punição que eu tinha que suportar nos esportes. Se minha equipe perdesse os saques, por exemplo, tínhamos que correr uma volta completa na pista de atletismo. Se perdêssemos um arremesso, também tínhamos que correr. Nós tínhamos que correr muitas voltas no aquecimento para qualquer jogo. Apesar de ter de correr por um curto período de tempo, eu odiava que isso fosse tão difícil. No entanto, queria desesperadamente aprender a correr.

Minhas primeiras tentativas para me tornar uma corredora foram rápidas. Eu amarrava os tênis, saía para correr e terminava caminhando de volta para casa, antes mesmo de ter chegado ao final da quadra. John costumava dizer que eu era um pouco mimada, mas toda vez que eu tentava correr, o resultado final era o mesmo e eu nem conseguia me imaginar como uma corredora.

Foi só depois da faculdade que finalmente superei meu bloqueio mental contra correr. Eu era estagiária na academia de uma empresa e ensinava aos funcionários como se sentirem mais aptos ao trabalho. Todos eles corriam o tempo todo. Corriam juntos na hora do almoço, nos finais de semana com o pessoal do grêmio e até participavam de competições! Eu também tinha vontade de participar e queria sentir o que eles experimentavam ao final das corridas, porque os via brilharem de felicidade. Para mim, eles eram verdadeiros corredores.

Então eu compartilhei com eles as minhas aspirações, e eles me levaram debaixo de suas asas e me motivaram a começar. Mal havia passado os dez primeiros minutos rodados e eles me pediram para participar da Al's Run, uma corrida de 8 km de estrada, em Milwaukee. A ideia me causou espanto e eu respondi: "Não posso correr tanto assim. E mesmo que o faça, seria a última pessoa a chegar". A essa altura, eu teria muita sorte se conseguisse chegar somente até o final da rua.

Foi durante aquela corrida que eles me guiaram gentilmente até a minha carreira de maratonista. Eles me falaram sobre progressão, como treinar e descansar. Depois me levaram para comprar tênis de corrida e roupas apropriadas, para que eu me sentisse fazendo parte do grupo. Semana após semana, meu corpo se adaptou e minha mente quebrou as barreiras.

Levei vários meses até correr 30 minutos e, apesar de eu estar um pouco mais confiante, o pensamento de competir ainda era intimidador.

Em uma revigorante manhã de outono em Milwaukee, posicionei-me para minha primeira corrida, sem saber o que esperar. Eu não acreditava que poderia terminar a prova e me preparei psicologicamente para ser a última a alcançar o final da corrida. Mesmo indo além dos meus limites, já me sentia animada com a antecipação. Levei bem mais de 1 hora para terminar aquela competição, e ainda fui ultrapassada na linha de chegada por um homem chamado Harry, de 72 anos de idade, mas terminei. Apesar de tudo, senti-me como se tivesse conquistado o prêmio da loteria – como se tivesse aberto uma porta que nunca soube que estava lá. Eu aprendi a correr, participei de uma corrida e tinha uma camiseta como prova disso!

Decidi compartilhar essa história com você, porque com frequência ouço pessoas dizendo que não conseguem correr, embora queiram tentar. E eu sou uma prova viva de que todos podem. Você pode correr por diversão, para conhecer gente nova ou até para disputar uma corrida. Correr me deu autoconfiança para explorar a vida e sair da minha zona de conforto. Eu embarquei nessa para correr mais, disputar mais maratonas e enfrentar maiores desafios em outros esportes. Correr não é só um mero exercício, mas um estilo de vida.

Junte-se a nós nesta jornada da corrida. Deixe suas preocupações de lado e aprenda com os nossos sucessos e fracassos. Nós o guiaremos em tudo que você deseja saber para começar, se aprimorar e se tornar o seu próprio treinador. Dar o primeiro passo é a parte mais desafiadora, mas é esse passo que irá levá-lo a um mundo inteiramente novo.

Dicas e truques da treinadora Jenny

- Lembre-se de que, em geral, são necessários 20 dias para criar um novo hábito. Exercite a sua paciência, leia a respeito de corrida e dê a si 1 mês para começar sua carreira de maratonista.
- Comece a pensar como um corredor. Com o que você vai se assemelhar ao correr? Onde você vai correr? Com quem você vai correr? Um aspecto importante também é o que você vai vestir.
- Converse com os maratonistas que você admira. Ouça as histórias sobre como eles começaram. Na maioria dos casos, elas não serão muito diferentes da sua história. Disputar uma corrida não é se basear na distância ou velocidade. Você compartilha as mesmas vantagens e desvantagens que a elite de corredores. Um real corredor é quem deixa de lado os seus medos e segue em frente.

2

O mundo maravilhoso da corrida

Pérolas de sabedoria do Pinguim

Decidir ser um maratonista é apenas o primeiro passo. Na realidade, ser um corredor é um compromisso diário, é correr quando deve e não quando não deve.

Existe um provérbio chinês que diz que uma grande jornada começa com um único passo. Nada poderia ser mais verdadeiro para você neste exato momento.

Aquele primeiro passo não precisa ser dramático. Ele não tem que ser agradável, rápido ou largo. Ele apenas tem que ser dado.

Com aquele único passo, você terá começado a sua jornada de descoberta e ficará impressionado com quem encontrará na estrada, em seu destino.

Nós vivemos no mundo dos competidores. Nós vivemos no mundo de competidores. As duas frases parecem soar da mesma maneira, mas não é verdade. Deixe-nos explicar.

O mundo da corrida mudou tanto nos últimos 20 anos que aquela escola de vanguarda de corredores inflexíveis nem mesmo o reconhecem mais. Para eles, é como retornar ao antigo bairro e achar que as casas que conheciam foram todas demolidas e substituídas por novos condomínios.

Correr costumava ser um esporte de elite. Era um esporte praticado somente por um grupo de pessoas dotadas de bom físico, e com energia mental para se tornarem competidores e continuarem correndo. Nos velhos tempos, corrida não era lugar para os tímidos, sensíveis, não competitivos, ou para as pessoas sociáveis. Era lugar de jogo duro, do início ao fim.

Naquela época, o objetivo do exercício de quase toda corrida era puxá-lo todo o tempo ao seu limite absoluto. Você se apresentava, corria bastante, até se esgotar completamente. Tinha de correr mesmo sentindo dor ou machucado, e sofria, porque era o que os corredores faziam.

Esses eram o que nós chamamos de "corredores de shorts de nylon". Atualmente, você ainda encontra alguns deles nas pistas de corrida e nas competições, apesar de não ver nem de longe tantos quanto possa esperar. Esses eram os clubes de corrida, os grupos de idade. Em sua maioria, eram homens que definiam a si por meio de suas corridas.

Corridas de treinamento eram minicompetições. O que começava como corridas suaves e relaxantes transformavam-se em batalhas movidas a testosterona entre corpos, espíritos e mentes. Naqueles tempos, a vida dos competidores era bastante fácil: Ou você ganhava ou perdia. Não havia um meio-termo.

Muitos dos novos corredores ainda imaginam aquele mundo de maratonistas de outrora, que é um lugar intimidador. É aterrorizante pensar que o único jeito de considerar-se um competidor é estar disposto a se sacrificar por isso todos os dias. A maioria de nós simplesmente não pode fazer isso, e nem devemos fazê-lo.

Nós somos parte da nova geração de corredores. Nós costumávamos ser chamados de Segunda Explosão de Corredores. Os competidores da velha escola nos consideravam uma explosão, porque eles tinham certeza que nós não duraríamos muito tempo. Eles nunca imaginaram que continuaríamos correndo por toda a vida.

Essa nova geração é somente um pouco mais velha, talvez com pouco mais perspectiva sobre o que é correr – e o que não é – em nossas vidas. Correr não é o início de tudo e nem o fim de tudo em nossa existência. Nossas vidas e nossa felicidade não giram em torno da última corrida ou do próximo recorde pessoal (RP, como é chamado o melhor tempo de uma pessoa em uma determinada distância).

De fato, o que surpreende muitos da primeira geração de corredores é como nós, da segunda geração, somos felizes e parecemos bem satisfeitos em correr, andar e marchar através das nossas corridas e competições de treinamento. De alguma maneira, encontramos um jeito de sorrir durante as corridas de 10 km, em 90 minutos, e as maratonas, de 6 horas.

Novos corredores surgem em todos os tipos e tamanhos, de formações educacionais diferentes e com experiência atlética variada. Os novos competidores são homens e mulheres jovens, solteiros, com bons empregos e carreiras promissoras, além de terem suas famílias. Também são magros e não tão magros, altos, baixos, idosos ou muito fora de forma para correr. Mas eles o fazem.

Eles correm pelas mesmas razões que você. Correm porque acreditam que podem correr, porque têm medo de não conseguirem, porque alguém disse que deveriam fazê-lo ou não.

A segunda geração de corredores já sabe o que você está prestes a descobrir: que a vida é simplesmente melhor quando se é um corredor.

Atualmente, o mundo dos corredores é um lugar acolhedor, apoiador, cooperativo, onde amigos se encontram para celebrar as conquistas uns dos outros. É um mundo onde focamos os aspectos da vida que nos une, diferentemente de dados como velocidade e distância que nos separa uns dos outros.

E como poderia ser de outra forma? Como alguém pode definir sucesso e conquista para outros que não eles próprios? E por que eles tentariam, exceto para colocá-los em uma posição de superioridade? Talvez essa geração de corredores seja fundamentalmente diferente das gerações anteriores.

Hoje em dia, na comunidade de corredores, *você* define sucesso. Você define o que significa ser um corredor – primeiro e antes de tudo. E essa é a beleza da comunidade de corrida. Tudo o que você precisa fazer para participar é correr.

Se a sua carreira de corredor está no começo – e todos nós já fomos iniciantes – sair para correr apenas 3 vezes por semana talvez seja a conquista de uma mudança de vida. E a comunidade de corredores vai celebrar com você.

Por meio deste livro, nós vamos ajudá-lo a comemorar a sua conquista. Vamos ensiná-lo, fazer com que você possa pensar, agir e se sentir como um membro da comunidade de corredores.

Nós também vivemos em um mundo de corredores, – e que mundo ele é! As pessoas que estão à nossa volta – que trabalha e brinca com a gente – compartilhou nossas alegrias e decepções, nossos sucessos e fracassos – e todos são corredores.

No nosso mundo, os corredores são tão diferentes quanto podem ser. Eles são jovens e idosos, rápidos e lentos, homens e mulheres, e isso não importa. Eles são nada menos do que são.

Um de nossos corredores é um jovem queniano chamado Daniel, que é um atleta de elite. Ele corre bem e rapidamente. Ele corre como um queniano. Daniel cresceu na África, correndo a pé, sem treinadores, competições organizadas ou nenhum outro elemento que se possa considerar necessário. Ele corria porque podia. Ele corria porque a sua corrida o fez quem ele queria ser. Ele corria porque, por intermédio da sua corrida, ele encontrava um lugar melhor.

Mas Daniel, provido de dom, talento e dedicação como ele é, não é diferente de você ou de qualquer outra pessoa, enquanto você lê este livro. Em algum momento de sua vida, Daniel teve que decidir se tornar um corredor. Assim como você, ele teve que escolher entre um estilo de vida que incluía a corrida e outro que não.

Johnnie Hands, por exemplo, é outro de nossos corredores, e sua carreira começou mais ou menos como a maioria das nossas, com tudo contra ele. Nós lhe demos o apelido de Hands, porque ele corria usando luvas de esquiar gigantes. Johnnie estava tão longe de se tornar um corredor quanto você possa imaginar. Ele estava acima do peso e fora de forma, com maus hábitos, suficientemente péssimo. No entanto, ele era determinado.

A primeira vez que Johnnie correu com nosso grupo de treinamento, ele não podia – ou não queria – parar de falar. Seus pés deslizavam pelo chão, mas sua boca ia a 1 km por minuto. Ele queria saber sobre tudo, e queria saber naquela hora. Queria saber como, quão longe e rápido correr. Que tênis deveria usar, shorts e tipo de camiseta. Ele estava ansioso para saber como se parecer com um corredor, mesmo antes de *se tornar* um corredor.

Como a maioria de nós, Johnnie queria tudo, e na mesma hora. Ele estava se divertindo tanto que não queria mais parar, e mal podia acreditar no que estava acontecendo com ele e como estava sendo bom correr 5 km, depois 6, em seguida 16, e além disso.

Em nenhum outro momento, Johnnie sentiu a mesma paixão e entrega. O único problema é que, para Johnnie e todos nós, o corpo nem sempre acompanha a mente.

Na verdade, para nenhum de nós a superação de nossas histórias é muito fácil. E como Johnnie não era exceção, apesar de todo o esforço e entusiasmo que era seu maior bem e sua maior responsabilidade, ele foi, de certa forma, seu pior obstáculo para se tornar um corredor. Por esse motivo, Johnnie teve alguns contratempos, e algumas pequenas dores e sofrimentos se tornaram ferimentos irritantes, que, afinal, o ajudou a ter uma experiência sobre como – e como não – correr.

Eu tenho uma amiga que acredita que correr é um meio de sair de onde está e ir até aonde quer chegar. Ela corre para se encontrar e porque somente a corrida permite que ela seja quem realmente é.

Outro exemplo é o de um senhor de meia-idade que corre porque deseja manter o peso. De vez em quando ele gosta de tomar uma cerveja e percebeu que correr é um jeito de balancear sua indulgência.

Outra amiga que perdeu mais de 67 kg corre porque vive com medo de acordar em uma manhã e ter novamente aquele peso de volta. Ela corre para manter seus demônios sob controle.

E a lista continua. Em breve você estará apto a adicionar seu nome a essa lista dos nossos corredores.

O nosso mundo – o mundo dos corredores – é repleto de gente exatamente como você, não importando quem você seja ou onde está começando a sua jornada. Nós temos treinado, guiado e sido mentores de milhares de pessoas comuns – pessoas com empregos, famílias e que, como você, quer manter o peso baixo, o peso de maus hábitos – e vimos todos eles transformados em corredores.

A simples verdade é que você pode ser um corredor, se quiser ser um. Ninguém pode pará-lo. Ninguém pode dizer que você não é bom o suficiente, que não é rápido o suficiente ou que não corre longe o suficiente. Ninguém – a não ser você mesmo – pode deixá-lo fora deste mundo maravilhoso em que vivemos. Para nós, corrida e corredores é nosso mundo completo. Nós vivemos as nossas vidas como corredores e com corredores. Mas isso não tem que ser desse modo para você.

Neste nosso mundo, o mundo da corrida e os corredores estão esperando de braços abertos para dar as boas-vindas a você. Eles passaram por tudo o que você irá passar, e ao ver o medo e a alegria em seus olhos, irão se lembrar de suas próprias experiências iniciais de corrida.

Mas, a parte mais impressionante de se tornar um corredor e parte deste mundo da corrida, é que, algum dia, você também irá olhar para trás e se lembrar. Algum dia, você também dará um passo atrás para ajudar alguma outra pessoa que está se empenhando no que você está se esforçando hoje.

Em tempo: Você será quem os novos corredores buscarão para conselhos e será o modelo, o exemplo e o herói para aqueles que ainda não fizeram as descobertas que você está a um passo de fazer.

Você está prestes a atravessar a entrada da mais apavorante e satisfatória aventura de sua vida. Você vai correr para si.

Dicas e truques da treinadora Jenny

- Se você é novo na corrida, vá até o local da linha de chegada da competição e torça pelos corredores, seja apenas um voluntário para montar as tendas de água ou trabalhe na barraca médica para a corrida. Estar lá irá acalmá-lo em relação a se você se encaixa e o motivará a começar.
- Entre em contato com a sua loja local para corredores ou clube e faça parte de uma divertida corrida. Essa é uma ótima maneira de conhecer corredores e começar a participar de um excelente exercício também.
- Evite comparar-se a alguma outra pessoa. Você está em sua própria jornada, somente você pode definir o caminho que irá seguir. Nunca é tarde demais para aprender a correr ou retornar à corrida. Eu tenho treinado novos corredores em seus 70 anos de idade. Desculpas à parte, correr é uma atividade muito amigável que, além da caminhada, é o mais primitivo exercício que existe.
- A chave é reconhecer seu próprio nível e começar a correr de acordo. Seja paciente enquanto você progride e agarre-se a isso. A longo prazo, valerá à pena. Se fosse fácil, todos estariam correndo.
- Desenvolva seu próprio horário de corrida. Misture-o com aulas de yoga ou sessões de bicicleta. Incorpore a corrida em seu estilo de vida e, antes que você se dê conta, fará disso uma rotina, da mesma forma que escovar os dentes é.

3

Descobrindo a si

O bom, ruim e feio

Pérolas de sabedoria do Pinguim

Por meio da corrida redescobrimos o que sabíamos quando éramos crianças: muita segurança durante o dia todo não significa que teremos um dia muito interessante. Pelo contrário, a diversão está à beira do desconhecido e, portanto, excesso de segurança pode nos levar a uma vida desinteressante.

Quando criança, tínhamos uma leve noção de que se arriscar era uma parte importante do crescimento e queríamos atravessar a rua para descobrir o que estava do outro lado.

No entanto, quando nos tornamos adultos, nossa curiosidade é frequentemente superada pelo medo. Pensamos saber quem somos, mas temos medo de descobrir o que podemos ser realmente.

Isto é menos sobre correr e mais sobre você. Aproveite a oportunidade para definir o que deseja. Deixe que seus pés o carreguem de volta para si, e depois vá em frente, até descobrir quem você pode ser realmente.

Minha primeira tentativa na corrida quando jovem não durou muito. Eu não pensei sobre até onde deveria ir, nem sobre quanto esforço deveria fazer. Eu só corri e o fiz até quase o final da minha rua, para, em seguida, retornar humildemente. Eu não tinha um plano e, naquele momento, nem imaginava o motivo de não ter sido bem-sucedida.

Isso ocorreu, com certeza, porque não fui capaz de avaliar antecipadamente as minhas metas e expectativas.

Como treinadora, frequentemente observo as pessoas repetindo o mesmo erro, colocando a carroça na frente dos bois. Assim que se matriculam em algum programa de corrida, só pensam em começar a correr imediatamente. Alguns até são capazes de iniciar uma pequena corrida, enquanto outros precisam começar com uma caminhada ou podem também misturar as duas possibilidades. No meu caso, quando compreendi que devia saber por onde iniciar o meu programa de corrida, foi que consegui progredir, a ponto de concluir uma prova de 8 km!

Se você quiser chegar a algum lugar, o ponto de partida sempre será de onde você está agora. Por exemplo, quando você está na escola, percebe que algum de seus colegas, ou até mesmo você pode encontrar mais facilidade em aprender e, neste caso, consegue ir adiante mais rapidamente. No entanto, a maioria de nós progrediu 1 ano por vez, até finalmente nos graduarmos.

Se você não for um gênio, não poderá aprender geometria no primeiro ano e precisará passar primeiramente por todas as aulas de matemática, para depois seguir com as matérias mais complicadas. Da mesma forma, nossos corpos precisam se graduar, passando da falta de atividade para alguma atividade, até se habituarem a uma regular. Para os corredores, isso é especialmente verdade, porque corrida é um esporte de alto impacto. Desenvolver muita atividade desde o início talvez cause alguns transtornos físicos. Pode acreditar no que digo, porque passei por isso e aprendi com os meus erros.

Para que você possa se tornar um corredor, também terá que passar pelo processo inicial, como acontece no ensino fundamental. Durante o treinamento, a cada semana o corpo se adapta e aprende como correr um pouco mais longe ou mais rápido. Um programa de corrida inteligente se constrói pouco a pouco, com o cuidado de não aumentar as escalas, adicionando somente o estresse suficiente para progredir e adquirir mais força. Em psicologia, isso é conhecido como a regra dos 10%. Baseada em pesquisas, essa regra determina que o ideal é aumentar a quilometragem somente 10% a cada semana. Permanecer nessas guias mestras garante um progresso seguro e efetivo, semana a semana, diminuindo o risco de lesões. Quando você monta todo o quebra-cabeça, fica parecido com uma série de colinas onduladas, que sobem e descem, aumentam e diminuem, ganham forma e depois repousam.

Para a maioria de nós, essa é a parte mais difícil da corrida, porque temos que fazer um pouco e esperar outro tanto. No mundo acelerado em que vivemos nos acostumamos a conseguir quase tudo tão rapidamente que estranhamos o lento processo para se tornar um corredor. Entretanto, se você focar na jornada, mais do que na distância ou velocidade, quando perceber, o tempo terá passado e você sentirá resultados tangíveis ao continuar.

Você pode começar com uma pequena corrida ou caminhada, adicionando pausas e mantendo esse nível por algumas semanas. Como um jardim, seu corpo irá se adaptar e crescer mais forte, para só depois acrescentar um pouco mais de corrida. Para se tornar um corredor, saiba que um pouco vale muito. Até porque esse processo nunca deve ser doloroso e exaustivo, a ponto de fazê-lo sofrer.

Algumas vezes nos sentimos motivados a ultrapassar o nosso limite e corremos o risco de sobrecarregar nosso corpo. Mas, se você insistir, certamente sofrerá lesões, de modo que, constantemente, se verá na condição de ter que recomeçar várias vezes.

Apesar das lesões serem elementos inevitáveis na corrida, se você mantiver a atenção voltada para as necessidades de seu corpo, ajudará a evitar dias perdidos nas enfermarias, por lesões desnecessárias.

Correr significa ouvir seu próprio corpo, mais do que seguir um determinado programa. Corredores e caminhantes bem-sucedidos entenderam isso desde o começo. Eles voltam a atenção para seus próprios corpos e, sempre que necessário, alteram o programa elaborado inicialmente, com a intenção de preservar sua capacidade física, aumentando-a gradualmente.

Trata-se de criar sua própria receita. Você pode adicionar mais minutos de corrida para um exercício e mais força ou treino de flexibilidade para outro. Você também pode descobrir que, como John, gosta mais de caminhar do que correr continuamente. O principal objetivo é descobrir o que funciona para você e se ater a isso.

Identificar o plano certo envolve fazer um inventário pessoal sobre suas características e do que vai precisar para se preparar para essa jornada. Isso requer começar a se conhecer, e acessar seus recursos e responsabilidades. Você deve levar em conta a sua idade, a frequência com que se exercita e qual a sua experiência durante os anos. O primeiro passo é completar o que chamamos de Formulário de Inventário Pessoal, respondendo às seguintes perguntas: Quais são os seus desejos, necessidades e objetivos? Você tem algum histórico com problemas de saúde?

As pessoas são diferentes umas das outras em suas particularidades e, por esse motivo, cada um de nós deve seguir um programa mais adequado para o inventário de informações, porque não existe um programa de corrida mágico que satisfaça todas as necessidades. É claro que você pode seguir um programa no mundo virtual, mas você tem certeza de que esse programa não vai lhe causar danos, ou que ele o está preparando corretamente? Como pode saber se ele se aplica a você?

A maneira mais inteligente de começar é analisar-se intimamente e observar onde você se encontra neste exato momento e para onde deseja ir. Também é de fundamental importância conhecer as ferramentas que estão à sua disposição, e saber qual a melhor maneira de adaptá-las, sem muito esforço. É essencial que você possa personalizar um programa para atingir suas necessidades e expectativas – quase do mesmo modo que comprar uma casa. Você não quer uma casa pequena ou grande demais, nem que vá arruiná-lo financeiramente. Você quer comprar uma casa com a qual se identifique e combine com seu estilo de vida, orçamento, personalidade, e possa comportar você e tudo o que lhe pertence.

As questões a seguir irão ajudá-lo a unir informações pessoais sobre seu passado, presente e futuro. A chave é responder honestamente, do início ao fim. Quanto mais honesto você for, mais adequado será o seu programa de corrida. Suas respostas irão guiá-lo para que você possa tomar uma decisão inteligente sobre qual programa atende às suas necessidades.

Este Formulário de Histórico Pessoal pode ser usado em vários programas, à medida que você progride. Ele pode ajudá-lo a avaliar onde você melhorou e onde ainda precisa melhorar.

Qual é a sua idade?
( ) 18 a 30
( ) 31 a 40
( ) 41 a 50
( ) 51 ou mais

Qual é o seu sexo?
( ) Feminino
( ) Masculino

Qual é o seu peso?
( ) Meu peso é apropriado para a minha altura e não me considero acima do peso.
( ) Estou com menos de 4 kg acima do meu peso ideal.
( ) Estou entre 4 e 11 kg acima do meu peso ideal.
( ) Estou entre 11 e 22 kg acima do meu peso ideal.
( ) Estou com mais de 22 kg acima do meu peso ideal.

Descreva sua saúde geral.
( ) Nunca tive problemas de saúde.
( ) Já estive sob cuidados médicos para tratamentos, mas me encontro saudável.
( ) Estou sob cuidados médicos para tratamento de doença crônica.
( ) Terei sorte se conseguir me manter disposto até o final do dia.

Descreva seu histórico de lesões.
( ) Nunca sofri nenhuma lesão.
( ) Sofri lesões que foram curadas rapidamente.
( ) Atualmente estou sob cuidados médicos (ou deveria estar), por causa de uma lesão.
( ) Ignoro completamente as minhas lesões, apesar de mal poder andar.

Descreva seu nível de atividade.
( ) Participo de algum tipo de atividade aeróbica contínua, de 4 a 6 dias por semana.
( ) Participo de algum tipo de atividade aeróbica contínua, de 1 a 3 dias por semana.
( ) Participo de atividade aeróbica contínua ocasionalmente.
( ) Abrir este livro é o maior exercício nos últimos 6 meses.

Descreva seu último nível de atividade.
( ) Estou ativo há mais de 1 ano.
( ) Estou ativo há mais de 6 meses.
( ) Estou ativo há alguns meses.
( ) Estou ativo há algumas semanas.

Descreva seu passado em relação à corrida.
( ) Corro como Forrest Gump* atravessando países por quilômetros.
( ) Corro regularmente, de 3 a 5 vezes por semana.
( ) Corro há anos, mas tenho o hábito de parar de correr, com intervalos irregulares ao longo do ano.
( ) Corro ocasionalmente.
( ) Nunca corri antes em minha vida.

Quantos dias por semana você pode se comprometer com um treino?
( ) 5 dias por semana.
( ) 3 ou 4 dias por semana.
( ) 2 ou 3 dias por semana.
( ) Nenhum ou 1 dia apenas.

Quantas horas por semana você pode se comprometer com o treinamento?
( ) De 8 a 10 horas.

* Alusivo ao personagem do filme de mesmo nome, cuja vida foi marcada por corridas contínuas. Para ele, correr era meio de transporte, fuga ou esporte. (N.R.T.)

( ) De 6 a 8 horas.
( ) De 4 a 6 horas.
( ) Menos que 4 horas.

Quais são os dois ou três principais fatores que o motivam a se exercitar? Como exemplos: perder peso, treinar com um grupo, seguir um programa estruturado, aliviar o estresse, ter um tempo para você ou ter um objetivo para alcançar.

____

____

Liste suas metas a curto e longo prazos para correr.

____

____

Quais serão seus principais desafios para seguir o programa de treinamento? Como exemplos: falta de tempo, falta de motivação ou falta de apoio.

____

____

Sugerimos que você copie essas perguntas em uma folha de papel e as responda. No entanto, deixe-a guardada dentro deste livro, porque, de tempo em tempo, você deverá voltar às respostas para assegurar que o caminho que escolheu é aquele onde você pretendia estar.

Se você respondeu honestamente às perguntas, terá uma boa vantagem sobre a maioria dos participantes dos programas de corrida, porque estará onde precisa estar. Alinhar-se à frente em 5 km não ajudará muitos corredores iniciantes. Alinhar-se ao meio para se afastar da multidão e visualizar todo o resto irá ensiná-lo a manter o ritmo e disputar a corrida com sucesso.

Quando você estiver pronto, vire a página, e vamos começar a fazer o plano.

Dicas e truques da treinadora Jenny

- Mantenha sua lista de metas bem visível – em algum lugar onde possa vê-las diariamente.
- Seja honesto e realista em relação à suas metas, habilidades e sonhos. Você chegará bem mais rápido onde deseja ir, e também irá se divertir muito mais.
- Converse sobre seu plano de corrida com o seu médico. Ele pode ter algumas sugestões sobre como se exercitar com mais segurança.
- Deixe seus amigos e familiares saberem quais são as suas metas e como eles podem ajudá-lo a segui-las, seja andando de bicicleta perto de você ou entendendo a sua necessidade de precisar de um tempo mais solitário para correr.
- Encontre um amigo para correr com você, caso seja motivado pelos aspectos sociais da atividade. Você vai perceber que será mais divertido manterem-se mutuamente no caminho.

4 Escolhendo seu caminho

Pérolas de sabedoria do Pinguim

Por intermédio da corrida aprendemos sobre ter sucesso e fracassar, alcançar o passado, superar o provável e fazer acontecer o impossível. A dificuldade em descobrir o potencial de um corredor é o exercício mais frustrantemente satisfatório que muitos de nós já experimentamos.

Correr é o maior professor que existe. Correr é um instrutor bondoso, mas insistente. Ele ouve, sem se comprometer.

O que você aprende, frequentemente é determinado pelo que você precisa saber. Se você pensa ser fraco, aprenderá que é forte. Se pensa ser indestrutível, aprenderá que é frágil.

No entanto, você aprenderá que é humano, e que não é mais e nem menos do que todos aqueles que estão aprendendo as suas lições, como você.

Eu sei que é importante começar no lugar certo. Mas, como posso saber qual programa de treinamento é melhor para mim?

Como treinadora de corrida, desenvolvi programas para uma variedade de corredores, sendo alguns deles destinados aos novos corredores. É quase impossível treinar todos os tipos de pessoas, com diferentes características, a partir de um único programa. Mas você pode ligar-se a uma variedade de planos, com diferenças de intensidade e distância, ou metas, como a perda de peso, por exemplo.

Eu sempre reviso o Formulário de Inventário Pessoal de cada participante e sugiro o programa de corrida mais seguro. No entanto, neste livro faremos ambos juntos e, até o final do capítulo, você saberá por onde começar e como progredir. Quanto mais paciente e sábio você for desde o início, mais rápido será o seu progresso.

Na sequência você encontrará um Histórico Pessoal fictício de um novo corredor e detalhes explicando porque nós estamos fazendo essas perguntas.

Conheça Ima Runner, mãe de 2 filhos, que aos 39 anos de idade deseja aprender a correr. Há meses Ima não pratica exercícios físicos e quer perder peso.

Qual é a sua idade?
( ) 18 a 30
( ) 31 a 40
( ) 41 a 51
( ) 51 ou mais

Resposta de Ima Runner: Tenho 39 anos de idade.

A idade de Ima é relevante para selecionar um programa de corrida, porque, à medida que envelhecemos, embora nosso corpo ainda possa ter um bom desempenho, vai precisar de mais tempo para se curar. Dores e sofrimentos duram mais, e, nesse caso, a natureza do programa é incluir um pouco mais de descanso entre as corridas.

Imagine a pirâmide da vida. A inclinação da pirâmide representa anos de 1 a 30 e a declinação ilustra 30 anos ou mais. Por um lado estamos melhorando continuamente, mas, pelo outro, declinamos devagar. Esta não é uma lição designada a conduzi-lo a uma depressão profunda, mas, antes de tudo, para explicar o que temos que trabalhar em relação à idade.

Corredores com 20 anos de idade podem iniciar com muito mais quilometragem e menos descanso. O corpo é mais resiliente e rapidamente volta ao que era antes. Uma vez que tenhamos atingido os 30 anos de idade, nosso corpo precisa de um pouco mais de tempo para se recuperar de exercícios físicos. Com a juventude temos energia e vitalidade, mas com a idade vem a sabedoria de treinar de forma mais inteligente, observando o corpo com cuidado.

Qual é o seu sexo?
( ) Feminino
( ) Masculino

Resposta de Ima Runner: Feminino.

Nós somos todos iguais em algum grau, mas quando se trata de gênero existem algumas diferenças. Eu aprendi isso durante os meus anos de competição de aventura, um esporte que incluiu equipes de ambos os sexos, em um total de 4 componentes, muitos quilômetros, algumas vezes 480 ou mais, remo, ciclismo, canoagem, corrida, trekking, cordas e quaisquer outros desafios que os planejadores de competições possam pensar. Correr me ensinou a sutil e não tão sutil diferença entre homens e mulheres nos esportes. Os homens têm a força que eu gostaria de ter. A testosterona parece correr por seus corpos, como gasolina em um carro, recarregando o físico e a mente deles. Os homens têm mais facilidade do que as mulheres para ficarem em forma, e podem correr e andar mais rápido, batendo todos os recordes.

As mulheres têm pouca testosterona, mas para a maior parte é o estrógeno que corre em disparada pelo nosso corpo. As mulheres não podem saltar sobre edifícios altos de uma só tacada, por exemplo, mas podem fazer movimentos aeróbicos e suportar dores em um limiar incrivelmente alto. As mulheres têm um acúmulo de gordura para suportar a sobrevivência por dias, semanas e, por vezes, meses. Aliás, eu nunca pensei que agradeceria minha gordura extra, até começar a correr por dias. Mais tarde percebi porque as mulheres são como são. É para sobreviver, nutrir e proteger.

Tudo o que você tem que fazer para ver as diferenças entre os pontos fortes dos homens e das mulheres é comparar o tempo final para uma corrida, 5 km, uma maratona e depois para uma ultramaratona de 160 km: os homens ficaram com os recordes da maratona e dos 5 km, enquanto Ann Trason ganhou a categoria na ultramaratona. Portanto, todos nós temos os nossos pontos fortes e apenas precisamos aprender com eles para obtermos vantagem em nosso desempenho.

Para os rapazes, aqui vai um lembrete: desde o início dos tempos vocês podem correr mais rapidamente. Mas não são sempre tão sábios para chegarem em primeiro lugar. Seu corpo precisa adquirir a base de quilometragem para suportar essa sobrecarga.

Para as garotas, o lembrete é: vocês podem correr por quilômetros e queimar muitas calorias, mas fazendo isso sem aumentar a distância gradualmente não vai necessariamente diminuir aqueles gramas da maneira que você talvez espere. Na verdade, isso poderá forçá-la a uma exaustão ou lesão.

Finalmente, não importa se você é homem ou mulher, seja inteligente e paciente; aprenda a usar a sua força e resistência para beneficiar o seu programa.

Qual é o seu peso?

( ) Meu peso é apropriado para a minha altura e não me considero acima do peso.

( ) Estou com menos de 4 kg acima do meu peso ideal.

( ) Estou entre 4 e 11 kg acima do meu peso ideal.

( ) Estou entre 11 e 22 kg acima do meu peso ideal.

( ) Estou com mais de 22 kg acima do meu peso ideal.

Resposta da Ima Runner: Estou entre 4 e 11 kg acima do meu peso ideal.

Esta talvez seja a pergunta mais difícil de responder honestamente. Não porque você tenha a intenção de ser desonesto, mas porque não temos muita noção do nosso peso e de onde ele deveria estar.

O que devemos levar em conta é que Ima está carregando peso extra ao começar seu programa de corrida. Entenda que peso extra se reduz com a intensidade e frequência correta, permitindo que ela ande ou caminhe com mais eficiência eventualmente, porque a meta dela é perder peso, e Ima começará com a Fase I do Programa de Perda de Peso, um plano de 12 semanas que inclui caminhar e se preparar gradualmente para correr e caminhar. Esse procedimento ensinará seu corpo a se adaptar ao impacto da corrida, reduzindo o risco de lesões, para finalmente permitir que ela possa progredir prontamente. Antes de qualquer coisa, ela terá que ser paciente, mais do que ter motivação para correr. Eventualmente ela irá progredir para as Fases II e III do Programa de Perda de Peso.

Descreva a sua saúde geral.

( ) Nunca tive problemas de saúde.

( ) Já estive sob cuidados médicos para tratamentos, mas me encontro saudável.

( ) Estou sob cuidados médicos para tratamento de doença crônica.

( ) Terei sorte se conseguir me manter disposta até o final do dia.

Resposta de Ima Runner: Já estive sob cuidados médicos para tratamentos, mas me encontro saudável.

Há 3 anos, Ima teve gêmeos e estava sob os cuidados de um médico ao longo de sua gravidez. Apesar de estar atualmente saudável, ela ainda luta para perder o peso que ganhou e ocasionalmente sofre de dor nas costas. Dessa maneira, quando esteve grávida pelas 2 vezes, embora isso seja passado, as dores ainda são levadas em conta.

A Fase I do Programa de Perda de Peso ainda inclui 2 dias de exercícios de força e flexibilidade. Essa parte do programa de Ima fortalecerá seus músculos-âncora (abdome e costas), reduzirá a dor nas costas, construindo tecido muscular magro para acelerar o metabolismo, para que ela possa perder peso.

Seja passado ou presente, a saúde é um fator importante quando consideramos programas de treinamento. Doenças como diabetes, dor no joelho, na base da coluna ou condições cardíacas devem ser consideradas antes do processo de treinamento começar. É altamente recomendável que você avise o seu médico sobre sua intenção de iniciar um programa de exercício. Você deve sempre revisar a sua saúde atual e conversar sobre seu histórico com o seu médico, que está preparado para dar as dicas específicas de modificações em seu programa de treinamento.

Descreva seu histórico de lesões.
( ) Nunca sofri nenhuma lesão.
( ) Sofri lesões que foram curadas rapidamente.
( ) Atualmente estou sob cuidados médicos (ou deveria estar), por causa de uma lesão.
( ) Ignoro completamente as minhas lesões, apesar de mal poder andar.

Resposta de Ima Runner: Já tive lesões, mas elas se curaram bem.

Depois de ter os bebês, Ima decidiu tentar correr para perder peso. Em 3 semanas do programa de treinamento, ela desenvolveu uma dor na parte inferior do joelho direito e teve o diagnóstico de "joelho de corredor". O médico recomendou que ela descansasse e colocasse gelo como terapia. Desencorajada a continuar correndo, Ima realmente descansou e não treinou desde então.

Existem alguns pontos em questão aqui. Primeiramente, correr muito depressa aumenta drasticamente a probabilidade de uma lesão no início do programa. O corpo de Ima não foi utilizado para o impacto, e ela também estava carregando mais peso do que o fazia no passado. Seu corpo simplesmente levantou um cartão vermelho para alertá-la de que ela estava se dirigindo para o caminho errado.

Listar dores antigas ou atuais e diagnosticar lesões irá ajudá-lo a determinar o que você deve cuidar para o seu progresso. Dores e sofrimentos serão identificados ao longo do caminho e seu corpo usa esse impressionante canal de comunicação para dizer à sua mente que você está forçando muito, e rápido demais. Ignorar as bandeiras vermelhas só irá piorar. Na maioria dos casos, correr com dor causará lesões piores ou até mesmo poderá afetar outras áreas machucadas, porque é como se estivesse compensando de forma exagerada. A dor nem sempre significa que você tenha que parar, mas talvez seja um sinal de seu corpo para que preste mais atenção nele e reconheça os esforços, quando existirem. Geralmente, descansar durante alguns dias, permitindo que sua lesão se cure, resolverá o problema.

Descreva seu nível de atividade.
( ) Participo de algum tipo de atividade aeróbica contínua, de 4 a 6 dias por semana.
( ) Participo de algum tipo de atividade aeróbica contínua, de 1 a 3 dias por semana.
( ) Participo de atividade aeróbica contínua ocasionalmente.
( ) Abrir este livro é o maior exercício nos últimos 6 meses.

A resposta de Ima Runner: Eu participei de alguma atividade há mais de 1 ano.

Descreva seu último nível de atividade.
( ) Estou ativo há mais de 1 ano.
( ) Estou ativo há mais de 6 meses.
( ) Estou ativo há alguns meses.
( ) Estou ativo há algumas semanas.

A resposta de Ima Runner: Atualmente estou inativa.

Ima tentou quase tudo, mas seu maior desafio foi se agarrar a um programa de exercícios consistentemente. Ela andava, corria, participava de aulas de *step*, boxe e até mesmo judô. Mais do que qualquer coisa, ela queria ser capaz de se manter no programa e obter resultado.

Se, como Ima, você não se manteve ativo por meses e luta para ser constante, então faz mais sentido começar com um programa que incorpore porções moderadas de atividade em seu estilo de vida. A maior luta de Ima é com o tempo e um de seus principais objetivos é reservar 40 minutos por dia para si. Ao planejar com antecedência, Ima será mais bem-sucedida em manter a sua carreira de corredora.

Reserve um tempo para revisar seus padrões de atividade. Seja honesto e realista. Não há resposta certa ou errada. Seu resultado será meramente o que vai iniciá-lo no caminho certo – o caminho que irá conduzi-lo para atividades mais grandiosas.

Descreva seu passado em relação à corrida.
( ) Corro como Forrest Gump, atravessando países por quilômetros.
( ) Corro regularmente, de 3 a 5 vezes por semana.
( ) Corro há anos, mas tenho o hábito de parar de correr, com intervalos irregulares ao longo do ano.
( ) Corro ocasionalmente.
( ) Nunca corri antes em minha vida.

Resposta da Ima Runner: Eu tentei correr várias vezes e também treinar para os 10 km no verão passado. Queria alcançar a reta de chegada junto de meu irmão. E, toda vez que eu corria, terminava dolorida e não gostava muito disso.

Com frequência estabelecemos metas baseadas no que vemos ao nosso redor, em vez de observarmos o que temos que trabalhar. Tenho testemunhado essa situação muitas vezes. Nunca tendo corrido antes, Ima se preparou para o fracasso ao querer correr os 10 km, e com uma pessoa que é mais rápida que ela.

Não estou dizendo que ela não podia ter corrido os 10 km com seu irmão, mas, com essa meta inicial, era provável que ela falhasse. O seu corpo já havia dito que não estava preparado para se adiantar a um programa de 10 km, e ela terminou machucada e frustrada, o que é um exemplo bastante familiar a todos.

Ao selecionar um programa de corrida para si, por favor, esteja atento para saber se você se enquadra no tipo A ou é ambicioso por natureza. As características do tipo A são valiosas em um sentido – elas provavelmente motivaram você a comprar este livro –, mas, considerando a realidade, você precisará se livrar das suas metas excessivamente ambiciosas e se manter constante.

Se você está treinando para sua primeira competição, aproveite! Defina a meta para simplesmente terminar e aproveitar cada passo. Você terá bastante tempo para melhorar e treinar por uma meta de tempo posteriormente.

Se você já completou os 5 ou os 10 km, quer melhorar seu tempo de competição e tem corrido regularmente 3 a 5 vezes por semana, comece com um dos programas avançados. Você está pronto para adicionar um pouco mais de intensidade e quilometragem ao seu programa de corrida, e ter o princípio de fazê-lo com segurança.

Comprometimento é uma peça-chave. Você não precisará deixar seu trabalho e vender seus filhos para correr, mas precisará dedicar tempo, de maneira frequente. Pode ser que você precise reorganizar suas atividades e horários diários. Você pode precisar sentar com a sua família e explicar que você precisará de "tempo para você", para atingir suas metas. Você pode igualmente precisar explicar aos seus colegas de trabalho sobre por que não está fazendo hora extra.

Quantos dias por semana você pode se comprometer com um treino?
( ) 5 dias por semana.
( ) 3 ou 4 dias por semana.
( ) 2 ou 3 dias por semana.
( ) Nenhum ou 1 dia apenas.

Quantas horas por semana você pode se comprometer com o treinamento?
( ) De 8 a 10 horas.
( ) De 6 a 8 horas.
( ) De 4 a 6 horas.
( ) Menos que 4 horas.

Resposta da Ima Runner: Eu dedicarei 3 a 4 dias e 2 a 3 horas ao treinamento.

Também precisará comprometer no mínimo 2 ou 3 horas por semana ao seu programa. Precisa ser suficiente para que seu corpo se lembre da atividade semana a semana, de modo a ficar mais fortalecido em cada exercício. Adicionado a tudo isso, o corpo que está em movimento permanece em movimento. Quanto mais dias de descanso você tiver entre os exercícios, mais difícil será manter um regime regular. A meta é criar um hábito constante, de modo que seu corpo anseie por isso na maioria dos dias.

Há muita flexibilidade em seu programa de corrida e você pode praticar exercícios e descansar nos dias que corresponder ao seu calendário e estilo de vida. É só uma questão de trabalhar com os princípios de treinamento da progressão que virão mais tarde. Por hora, encontre tempo e o coloque em sua programação.

Quais são os dois ou três principais fatores que o motivam a se exercitar?

Resposta de Ima Runner: Eu me sinto motivada ao me exercitar com amigos, e também quando tenho uma meta específica para alcançar.

Identificar o que o motiva ajudará a manter o fogo ardendo. Ima gosta de treinar com pessoas e de ter uma meta. Por causa de seu calendário e sua família, para ela é melhor não precisar agendar e programar corridas com seus amigos.

A coisa mais importante é apresentar suas motivações de maneira realista. Ima deve treinar com companheiros que têm metas similares e que escolhem treinar no mesmo ritmo. De fato, uma de suas amigas também quer ficar em forma e aprender a correr. Com o tempo, você pode se sentir motivado por si só ou pelos benefícios do condicionamento físico. Sejam quais forem as suas motivações, liste-as no topo de seu programa de corrida para que leia com frequência. Esses serão os frutos de seu esforço, que o manterão motivado a seguir em frente.

Liste suas metas a curto e longo prazos para correr.

Resposta da Ima Runner: A minha meta a curto prazo é voltar a um programa de corrida regular 3 ou 4 dias por semana, sem sentir dor. As minhas metas a longo prazo são: perder 7 kg de peso e participar de uma corrida de 5 km no próximo verão.

Ima tem feito um excelente trabalho identificando suas metas a curto e longo prazos. A sua primeira meta é voltar a correr – sem sentir dor. Isso pode ser realizado em 2 ou 3 meses. Suas metas a longo prazo são: perder peso e treinar para correr os 5 km. Ela sabe que isso pode levar mais tempo e está animada para seguir um programa estruturado para os 5 km.

Quais serão seus principais desafios para seguir o programa de treinamento?

Resposta da Ima Runner: Eu estou sem tempo e tenho filhos gêmeos de 3 anos de idade para cuidar. Portanto, encontrar tempo será meu maior desafio.

Ima compartilha um desafio comum com muitas pessoas que se comprometem a seguir um programa de corrida. Identificar coisas que podem atrapalhar seu caminho ajudará você a evitar o que chamamos de "armadilhas do treinamento". Se o tempo é precioso, identifique um programa que faça sentido para o tempo que você pode conseguir. Se você luta para encontrar alguém que lhe apoie em seus esforços, cerque-se de uma nova multidão de pessoas que têm metas similares. Elas estão por aí e tudo o que você precisa fazer é encontrá-las para combinar os ajustamentos. A sua vida mudará, bem como seus desafios, à medida que você progride. Mantenha o foco e a direção, diminuindo assim a resistência. Seu caminho ficará mais óbvio e suas metas mais alcançáveis.

Dicas e truques da treinadora Jenny

- Use o Formulário de Histórico Pessoal para estimar seu status atual e onde você quer chegar.
- Selecione um programa de corrida que melhor se ajuste ao seu nível de condicionamento, experiência e metas. Começar com o programa certo permitirá que você progrida rapidamente.
- Perceba que aprender a correr com segurança significa iniciar preferivelmente onde você está do que onde você quer estar.
- Nunca treine sentindo dores de lesões. Estar dolorido é normal, mas se você desenvolver e sentir dores, tire alguns dias de folga. Tente outra atividade que não o incomode ou exacerbe a sua dor enquanto seu corpo se cura. Se a dor persistir por mais alguns dias, busque orientação médica de um profissional competente em medicina esportiva e peça aconselhamento ao pessoal de sua academia ou grupo de corrida local.

SEÇÃO II

Ferramentas do ofício

5 A anatomia de uma corrida

Pérolas de sabedoria do Pinguim

É somente quando o movimento se torna o estado mais natural em nossas vidas que podemos, finalmente, começar a aproveitar o impulso. E é somente quando ficar parado se torna impossível, que podemos, finalmente, abraçar os tipos de mudanças inevitáveis em nossas vidas.

Nós não fomos projetados para ficarmos parados. Se fôssemos, no mínimo, teríamos três pernas. Nós fomos planejados para o movimento.

Nosso corpo tem caminhado por vastos continentes e carregam objetos de arte e guerra sobre grandes distâncias.

Nós não somos menos móveis que os nossos ancestrais. Nós somos atletas e guerreiros. Nós somos humanos.

Vamos falar sobre os seus exercícios de corrida. Uma corrida perfeita é como uma boa refeição. Ela flui – sem interrupções – do aperitivo até o prato principal, e termina com uma saborosa sobremesa. Embora suas corridas vão variar em distância e velocidade, a anatomia da corrida irá sempre fluir do aquecimento para a corrida, até o relaxamento.

Aperitivo: Aquecimento

Todo exercício físico deve começar com um aquecimento apropriado. Como um aperitivo, o aquecimento prepara seu corpo para o que está por vir.

De maneira gradual, ele vai aumentando o fluxo sanguíneo para os músculos que estão trabalhando, os pulmões e o coração. Similarmente, ao dirigir em uma rampa de entrada de via expressa, você precisa se mover devagar, antes de se mover rapidamente. Pedir ao seu corpo para ir de 0 a 112 km por hora em 2 segundos é pedir por um exercício físico bem desconfortável e uma lesão completamente possível. Do mesmo modo que seu carro corre melhor quando tem chance de ser aquecido, assim funciona o seu corpo.

O aquecimento para as suas corridas deve começar com uma caminhada acelerada, por pelo menos 5 minutos. Caminhar de maneira acelerada permitirá que seu corpo transfira gradualmente o sangue oxigenado para os grandes músculos que estão em movimento, em suas pernas e braços. Comece com a caminhada em ritmo confortável e aumente a velocidade. Isso pode requerer paciência, mas você, definitivamente, irá notar uma transição mais fácil para a corrida, se devotar alguns curtos minutos para o aquecimento.

Aquecer é especialmente importante quando você vai treinar logo pela manhã e seus músculos ainda estão frios e encolhidos pelo sono da noite, ou mesmo mais à tarde, depois de um longo dia sentado na cadeira de um escritório. Se você progredir gradualmente da primeira marcha para a segunda e depois para a terceira, antes de chocá-lo dentro da corrida, seu corpo terá um desempenho muito mais eficiente.

Além disso, o treinamento físico que envolve uma mistura de esportes com exercícios – *cross-training* – deve incluir o aquecimento. Por exemplo, se você estiver pedalando, inicie esse exercício devagar, durante 5 minutos, para preparar o seu corpo para a sessão. Faça o mesmo para caminhada, treinamento de força, ou se estiver nadando. Comece com um aquecimento em ritmo lento e será recompensado com um exercício que irá contribuir para que seu corpo trabalhe muito melhor.

Assim que seu corpo estiver aquecido, siga com um ritmo de corrida tranquilo e continue o exercício. Reserve os exercícios de flexibilidade para depois, quando seus músculos estiverem mais aquecidos e, consequentemente, receptivos para o alongamento.

Embora você possa se alongar depois do aquecimento, isso é contraprodutivo para um corredor porque o corpo se esfria novamente. No capítulo 13 falaremos mais sobre a importância de desenvolver flexibilidade, e qual o melhor momento para você se alongar.

Do mesmo modo que você não comeria o prato principal antes do aperitivo, iniciar o treinamento sem um aquecimento adequado fará com que você corra o risco de ter uma diminuição da velocidade durante o treino. Portanto, é fundamental que você aqueça seu corpo por 5 minutos completos. Se precisar encurtar seu treino, por causa de restrição de tempo, prefira diminuir a sessão de exercícios – equivalente ao prato principal – no lugar do aquecimento.

Prato principal: o exercício da corrida

O prato principal de seu programa de treinamento é o período que você leva caminhando ou correndo durante um tempo e intensidade específica. Todo treino de corrida tem um propósito específico e único que completa o quebra-cabeça do treinamento.

O exercício de correr-caminhar é o ingrediente-chave para os novos corredores, em que se aprende a misturar intervalos curtos de corrida com caminhadas de passadas rápidas. O método correr-caminhar é uma tendência atual, porque dessa forma o corpo se dispõe melhor, permitindo correr por mais tempo e com maior proveito.

John gosta tanto de correr-caminhar que incluiu o método em seu treinamento. Jenny também começou sua carreira de corredora dessa forma, e usa essa estratégia para recuperação de corridas.

O truque de correr-caminhar é evitar ficar impaciente com a caminhada e não deixar que seus intervalos sejam reais, mas – de preferência – fazer caminhadas de passadas rápidas, mantendo seu ritmo cardíaco ao máximo. Se você desenhar um gráfico de sua corrida, verá uma suave linha ondulada, representando a velocidade de corrida e caminhada. Corra em um passo de conversação – uma velocidade na qual possa falar e caminhe em um passo acelerado, que denominamos *caminhada potente*. Lembre-se de que, entre caminhar e correr e vice-versa, deve acontecer uma transição sutil.

Você pode começar sua carreira de corredor com corrida e caminhada, progredir somente para corrida, ou, como John, decidir sempre por corrida-caminhada. De qualquer maneira, esse valioso método terá um papel vital no aprendizado da corrida.

As corridas podem ser curtas ou longas. Quanto mais longe você correr, mais resistência irá conseguir, desenvolvendo maior velocidade ao longo do tempo. Criar resistência é ensinar seu corpo a se firmar sobre seus próprios pés. O exercício de resistência é o mais longo durante as corridas e deve ser programado para quando você tiver mais disponibilidade de tempo. Devagar e constantemente é o jeito mais rápido de correr mais longe, e a melhor forma de desenvolver o seu sistema de resistência aeróbica.

Os treinos de velocidade estão incluídos nos programas avançados e deverão ser realizados quando você tiver uma base mais sólida de quilometragem e mais experiência, sem que tenha sofrido lesões por, no mínimo, 8 ou 10 meses. Essas velocidades são similares aos exercícios de correr-caminhar e incluem uma variedade de intervalos. A diferença é que os intervalos de corrida são curtos e com intensidades elevadas, seguidas por caminhadas de passadas lentas ou corrida.

Esses treinos aprimoram a habilidade do corpo em utilizar oxigênio com mais eficiência no nível anaeróbico, o que finalmente ajuda também a aumentar a velocidade de corridas fáceis. Alguns treinos de velocidade incluem intervalos mais longos, em um ritmo confortável, porém constante, enquanto outros apelam por intervalos curtos, em um ritmo mais inflexível. A variedade é a chave para treinar todas as marchas, com a intenção de melhorar velocidade e desempenho.

À medida que ficar mais forte, você será capaz de correr mais rápido, por períodos de tempo mais longos, com menos desgaste, além de derrubar dois coelhos em uma só tacada. Com o tempo você conseguirá se divertir com certos exercícios de velocidade, mas somente depois de ter treinado durante 6 a 8 meses.

Exercícios de morro

Os morros são nossos amigos. Exercícios de morro são uma excelente maneira de adquirir força, resistência e velocidade. Morros são como treinamentos fortes para um corredor e nos ajudam a desenvolver, não somente a força das pernas, mas cardiovascular também. E a não ser que você more em regiões planas como Chicago, onde vivemos, provavelmente irá passar por morros em suas corridas e competições diárias.

Você pode correr um morro várias vezes, ou um bocado de morros ao longo de um percurso. Da mesma forma, não brigue com o morro, mas seja o morro. Considere manter seu nível de esforço ascendente ao encurtar seus passos. Isso lhe dará energia suficiente no topo para relaxar, estender o passo e, aos poucos, se preparar para descer. Tudo bem acelerar o ritmo da passada morro acima, treinando para ficar mais forte, mas, em uma corrida, certifique-se de que você está correndo os morros com eficiência, desacelerando na subida e acelerando na descida. A média dos dois deve compensar o ritmo de sua corrida no morro.

Quanto aos treinamentos, seus programas se desenvolvem gradualmente com o tempo. Esse é o segredo para o sucesso na corrida. Você não pode se preparar rápido demais e esperar correr bem, porque seu corpo irá se cansar, e até mesmo se esgotar. É melhor se preparar gradualmente, semana a semana, permitindo que seu corpo se adapte às demandas de seu treinamento, e então progredir mais adiante. De tempo em tempo você poderá observar o resultado dos programas, ao que chamamos semana de SPA, onde você fará uma pausa para descansar e celebrar a progressão, antes de se preparar novamente.

VEGETAIS FEITOS NO VAPOR: DIAS DE FOLGA

Semanas de descanso fazem parte do programa. Elas são os vegetais que lhe fazem muito bem, mesmo que não pareça. Sempre após algumas semanas, a quilometragem diminuirá depois da fase de desenvolvimento e você provavelmente dará boas-vindas, de braços abertos, a esse período. Depois de desenvolver quilômetros por algumas semanas, uma semana de "interrupção" começa a parecer tempo de férias. Use essas semanas sabiamente e siga a quilometragem prescrita. Treinar com mais intensidade ou distância irá somente levá-lo para a Avenida do Excesso de Treinamento. Aproveite esse tempo para ficar com a família, ocupar-se com projetos ou trabalhos atrasados, ou vá ao cinema. No entanto, não adicione quilometragem ou intensidade às suas semanas de repouso.

Para o propósito deste programa de treinamento, descansar é movimentar-se em seu dia normalmente, sem exercícios. Ficar sossegado não significa deitar no sofá o dia todo, comendo bombons. Pense nos dias de folga como um treinamento de sono. Ele é uma parte integral do programa e rejuvenesce seu corpo para o próximo treino.

Dias de pausa são ilusórios e de cara você pode pensar: Ótimo, finalmente vou descansar. Que presente inesperado! No entanto, se você estiver inteiramente comprometido com o programa de treinamento, com certeza irá estranhar esse descanso. Mas, para sua informação, muitas vezes testemunhei corredores e caminhantes que não descansavam e terminaram machucados. O repouso é simplesmente tão importante quanto os exercícios físicos, porque permite que o seu corpo se recupere do estresse e do impacto no ciclo de treinamento. Como seu corpo não é capaz de produzir muito sem um sono adequado, também não pode treinar satisfatoriamente sem dias de descanso.

ALGUNS PÉS DE PIMENTAS FRESCAS? *CROSS-TRAINING*

Dias de folga seguem mais longos ou duradouros e com exercícios físicos intensos, enquanto o *cross-training* é estrategicamente empregado para balancear seus "músculos em movimento", evitando lesões por uso excessivo.

Considere o *cross-training* um suplemento para seu programa de corrida, porque ajuda a balancear os músculos mais comumente usados. Como pés de pimentas frescas, *cross-training* aquece os músculos fatigados e tensos, porque ativa vários grupos musculares, requisitando-os a se moverem em diferentes direções e, na maioria dos casos, com menos impacto para o corpo.

Pedalar, por exemplo, é o *cross-training* favorito dos corredores, por reduzir o impacto total sobre o corpo, que, no entanto, proporciona um grande exercício cardiovascular, além de ser um importante suplemento para o regime de treinamento. Eu gosto de me referir a ele como um descanso ativo, porque permite aos músculos utilizados um pequeno cochilo, enquanto ativa os músculos opostos que são negligenciados. O *cross-training* para corredores inclui pedalar, nadar, levantar peso, remar, praticar yoga, fazer aulas de exercícios em grupo ou patinação –, ou seja, qualquer atividade exceto correr.

Existem muitas formas de *cross-training* e a chave é selecionar uma atividade da qual goste. Você estará mais disposto a aproveitar o exercício físico na medida em que ele proporcione uma folga mental e física da estrutura e intensidade de seu regime de corrida.

Por favor, o cardápio de sobremesas: o resfriamento

Toda boa refeição termina com sobremesa. A desaceleração é a sobremesa do seu treinamento. Todo exercício físico, longo ou curto, deve ser concluído com uma redução do ritmo e da intensidade gradual, que é o reverso do aquecimento.

Diminuir a velocidade durante 5 minutos permite que seu corpo retorne à realidade pela desaceleração da respiração e dos batimentos cardíacos, enquanto leva a circulação sanguínea para seu fluxo natural. Durante 5 minutos, diminua o passo e aprecie suas conquistas de curto prazo. Isso não só irá contribuir com uma recuperação rápida, mas o deixará mais satisfeito.

Uma vez que você estiver mais tranquilo, acrescente alguns minutos para alongar os músculos cansados, já que estão aquecidos e, portanto, mais maleáveis.

Similarmente a uma boa refeição, um programa de treinamento inclui muitos ingredientes. Compreenda o valor de cada componente, porque, como um refogado, é a mistura que faz tudo ter um gosto bom. A refeição precisa começar pelo aperitivo e terminar com a sobremesa. Qualquer coisa a menos vai parecer um fast-food, produzindo resultados insatisfatórios de péssima qualidade.

Cotovelos fora da mesa: boa postura para correr

Todos nós temos posturas variáveis. Temos pés, braços e pernas diferentes. Alguns de nós somos altos, baixos ou geneticamente dotados para correr, enquanto outros terão de se esforçar para colocar um pé na frente do outro. A ideia não é se mover como uma outra pessoa, mas correr, andar ou movimentar-se lentamente, com o melhor desempenho de seus mecanismos.

Seja caminhando ou correndo, a postura eficiente pode fazer diferença na hora da corrida, atuação ou no risco de produzir uma lesão. Manter uma postura firme ao longo de seu treinamento e sua corrida permitirá que você se mova mais rápido e longe, com menor consumo de energia.

Você se lembra quando sua mãe dizia para manter os cotovelos fora da mesa? Com certeza ela não estava reprimindo-o, mas forçando você a se sentar ereto para digerir melhor a comida, evitando que você ficasse caído sobre a mesa. A sua postura segue o mesmo princípio. Portanto, da próxima vez que se exercitar, observe os outros caminhantes e corredores à sua volta. O que as pessoas mais fortes e ágeis estão fazendo com seus braços, pernas e troncos? Como eles diferem das pessoas mais lentas? Algumas parecem deselegantes, enquanto outras aparentam deslizar sobre o chão?

Uma postura correta pode poupar seus preciosos tempo e energia, mas, se esse conceito é novo para você, não poderá mudar da noite para o dia. Lembre-se de que nós, simples mortais, precisamos engatinhar antes de andar e andar antes de correr. Por isso, toda vez que for correr, foque os aspectos de sua postura. No entanto, faça isso aos poucos, para não correr o risco de enlouquecer, tentando corrigir tudo de uma só vez.

A melhor maneira de aprimorar a sua postura é efetuar um inventário da cabeça aos pés, 1 ou 2 vezes quando correr. Fazer pequenos ajustes pode economizar muita energia e traduzi-la em tempos mais eficientes. Os elementos do inventário da cabeça aos pés são os seguintes:

- A cabeça deve estar voltada para frente, mais do que para o chão. Direcione somente os olhos para baixo, quando tiver que verificar o caminho. Se você tiver que se mover para frente, faça-o, mas depois foque novamente o horizonte.
- Os ombros devem estar relaxados, com os cotovelos criando um ângulo de 90 graus, balançando livremente como um pêndulo. Foque em impul-

sionar seus cotovelos para trás e para frente, sem atravessar seus braços sobre o umbigo.

- As mãos devem ficar relaxadas, como se segurassem uma batata chips ou algo frágil. Mãos ou punhos cerrados gastam energia.
- Os quadris devem estar diretamente alinhados abaixo dos ombros, e não das costas, permitindo que as pernas se impulsionem com uma maior variedade de movimentos e abram a passada.
- Os pés devem pousar leve e rapidamente sobre o solo e abaixo dos quadris. Finja se mover para frente, como se houvessem apenas 5 cm acima de sua cabeça. Aterrisse sobre a porção mediana de seu pé e pise sobre os dedos, impelindo seu corpo para frente, e não para cima e para baixo.

Foque em movimentos rápidos ou passos largos. Quando você sobe uma escada, por exemplo, o faz com passos curtos, um de cada vez, de modo que seu movimento se torna mais rápido, subindo mais depressa e consumindo menos energia do que se tivesse que subir três degraus de cada vez. A maioria dos novos corredores tenta ganhar distância com passos muito largos. Um bom teste para saber se você está alargando demais os passos é contar cada pisada enquanto corre, durante 1 minuto. Se você estiver na extensão de 88 a 92 passos, está na zona de eficiência. Se estiver muito abaixo, foque em encurtar o passo e acelerar seu movimento. O resultado será uma corrida mais rápida, com menos impacto sobre seu corpo e redução do risco de desenvolver lesões. No início pode parecer estranho, mas lembre-se de que você está aprendendo uma nova técnica, e precisará de tempo para que seu corpo e mente se adaptem.

O restaurante: correndo superfícies

A variedade de superfícies da corrida é como suas escolhas de restaurantes. Alguns são convenientes, mas não necessariamente bons para você. Outros podem ser mais difíceis de encontrar, mas muito melhor para os seus músculos, tendões e articulações.

Calçadas de concreto são como restaurantes fast-food: estão em toda parte e são convenientes, mas cruéis com seu corpo. A calçada protege você do tráfego e é previsível, porém é o mais difícil de todos os terrenos de corrida, porque provoca certo estresse em seu corpo. Nós não somos fãs de corrida no concreto, mas o fazemos na falta de opção.

O asfalto é um pouco mais generoso do que o concreto e igualmente conveniente. Apesar de ainda ser severo com o seu corpo, ele é preferível ao concreto e a superfície externa mais comum para mortais corredores.

Caminhos sujos e trilhas são os favoritos de Jenny. Trilhas são excelentes superfícies para corredores, porque são suaves para o corpo. Algumas vias férreas antigas são muito previsíveis, enquanto outras são similares à rodovia Yellow Brick, com árvores de raízes expostas, rochas e macacos voadores.* Trilhas como essas são mentalmente estimulantes e formidáveis para você treinar, porque cada passo é diferente. Adicionalmente, você põe em ação uma variedade de músculos, o que é melhor do que utilizar os mesmos novamente.

Hoje em dia, a maioria das pistas é feita de material sintético, indicado para absorver o choque. A distância medida permite que você sempre saiba onde está e proporciona segurança, se estiver correndo sozinho.

Grama é muito fofa e pode ser um ótimo lugar para treinar, especialmente se você é um corredor de trilha ou está buscando competir em um evento de *off-road*. Contudo, lembre-se de ser cauteloso quando correr na grama, por causa de alguns buracos e protuberâncias.

Uma das corridas favoritas de Jenny é ao longo da praia Myrtle, na Carolina do Sul. Correr na areia plana e firme é fácil para o corpo e um prazer para a maioria dos corredores. Evite a areia desnivelada e fofa, que estressa o corpo e pode levar a lesão muscular.

Esteiras são convenientes, fáceis de usar, e uma ótima maneira de controlar sua velocidade e ritmo. Esse aparelho é feito para absorver choque e o faz melhor do que a maioria das outras superfícies de corrida. Além disso, você pode variar o terreno e os exercícios, com o toque de um botão. Nós corremos em esteiras, especialmente nos meses de inverno, quando o solo é coberto de gelo e imprevisível. Jenny treinou para o Eco-Challenge** e John para a Maratona Pikes Peak*** em uma esteira. De que outra maneira os moradores de regiões planas poderiam fazer um ótimo exercício no morro?

---

* Alusão a personagens e cenários do filme *O mágico de Oz.* (N.R.)

** Eco-Challenge é uma prova de aventura que combina várias modalidades, como caminhada, corrida, natação, remo, escaladas, entre outras. (N.R.T.)

*** As referências a diversas provas existentes nos Estados Unidos demonstram a variedade de corridas que servem como complemento, tanto para o aumento da resistência física geral, bem como da dispersão de atividades sequencialmente impactantes. (N.R.T.)

Corrida em esteira é mais suave para as juntas, e também em intensidade. Correr ao ar livre é mais desafiador, por causa de elementos como o vento e terrenos acidentados. Quando você leva seu exercício físico para uma área externa, impulsiona-se para frente, ao contrário de manter a trilha, fazendo com que seu gasto de energia seja um pouco mais baixo na esteira. Os especialistas dizem que correr a um grau de 2% na esteira pode equiparar à corrida ao ar livre, mas a treinadora Jenny discorda. Correr em inclinação constante cria um ambiente propício para lesões por repetição. Se você está apenas aprendendo a correr, não se preocupe com a diferença, e somente suba lá e vá em ritmo apropriado. Se você é veterano, varie a intensidade ao correr um curso acidentado ou aumente a velocidade aos poucos. Tudo sairá quando for tomar banho e você não terminará machucado.

Certa vez, um bom amigo de corrida de aventura nos ensinou que três é dois, dois é um, e um é nenhum, o que significa dizer que, ter mais de uma marcha irá prepará-lo melhor para a estrada à sua frente. Isso também é verdade para rotas de corrida. Correr três ou quatro rotas diferentes que variem em terreno e dificuldade o ajudará a evitar aborrecimentos e lesões. Variedade é o tempero da vida de um corredor. Nós adoramos correr em direção à beira do lago em Chicago, mas nos divertimos mais quando nos aventuramos para fora dos caminhos muito conhecidos e corremos por nossos próprios atalhos. Alterne as rotas de sua corrida e você fará uso de diferentes músculos. Corra variando as intensidades e previna-se do tédio.

Dicas e truques da treinadora Jenny

- Comece todo exercício físico com um aquecimento. É o componente-chave para preparar seu corpo com segurança para a corrida.
- De preferência, corra em três ou quatro rotas. Alternar treinamento em esteira com treinamento ao ar livre é muito produtivo.
- Corredores iniciantes: mantenha a corrida leve e foque em construir sua base. Logo você correrá mais longe, e até um pouco mais rápido. Mas lembre-se de que tudo irá a seu tempo.
- Corredores de temporada: exercícios alternados com pequenas acelerações melhoram o desenvolvimento e a eficiência.
- Faça mudanças sutis ao longo do tempo. Boa fórmula significa algo diferente para cada um. Ter consciência é o primeiro passo para correr com mais rendimento.
- Termine todo exercício físico com um relaxamento gradual, para "trazer seu corpo de volta à realidade", proporcionando uma recuperação mais efetiva e evitando o choque de parar abruptamente.

6

Fundamentos do condicionamento físico

Pérolas de sabedoria do Pinguim

Meu treinamento inicial era dividido em partes iguais de completa insanidade e pura estupidez. Ignorantemente, eu acreditava que desgastando meu corpo era o jeito de torná-lo musculoso.

Depois de anos maltratando nosso corpo com álcool, nicotina, excesso de comida ou de trabalho, é cômodo prejudicá-los com a prática de exercícios em excesso.

É fácil começar a punir o mesmo corpo que abusamos, por expectativas, exigências e sobrecargas exageradas.

Primeiro e principalmente, um atleta tem que chegar a um acordo com o que seu corpo pode ou não pode fazer, e depois aprender a trabalhar dentro de suas limitações.

Teste surpresa

Quando se dá o efeito do treino?

( ) A. Quando você está treinando.
( ) B. Quando você está descansando.
( ) C. Em nenhuma das situações.
( ) D. Em ambas as situações.

Se você respondeu alternativa A, então está no lugar certo, porque está errado, e nós podemos ajudá-lo.

Se sua resposta foi alternativa C ou D, então nós ainda podemos ajudá-lo, mas não será fácil.

Se você respondeu alternativa B, então está no caminho de se tornar um atleta – ou você é apenas um bom adivinho.

Para muitos atletas novos, o velho jargão: "Sem dor, sem resultado" ainda parece estar preso às suas cabeças.

Quando começamos a preparar novos corredores para nossos programas de treinamento, eles frequentemente se preocupam com a aparente facilidade do treino e se questionam sobre como alguma coisa que parece tão confortável pode valer algo para eles.

Na maioria dos casos, o desentendimento vem da falta de conhecimento sobre como o corpo realmente funciona. Isso não chega nem perto do mistério que você pensa existir. Na verdade, uma vez que você entenda algumas coisas básicas, será mais simples para aceitar.

Tudo depende dos sistemas do corpo e como eles reagem ao aumento de estresse. Os sistemas são inter-relacionados, mas não são idênticos. Eles podem funcionar em harmonia, mas apenas se a cada um é dado tempo para se ajustar às novas demandas impostas sobre eles.

Nosso corpo, ao menos as partes que focaremos, consiste em três sistemas principais: o sistema *aeróbico* (coração e pulmões), o sistema *muscular* (os músculos) e o sistema *esquelético* (ossos, articulações, tendões etc). Como corredores, estamos pedindo a cada um desses sistemas que se adaptem a novos estresses. A chave para obter sucesso é saber como, quando e por que os sistemas mudam.

Nós tendemos a não dar importância ao nosso sistema aeróbico, porque ele está lá trabalhando o tempo inteiro. Poucos de nós gastamos um minuto sequer pensando em nossos corações e pulmões. Sabemos que contamos com eles e só lhes damos atenção se alguma coisa der errado. É bom que eles trabalhem sem que precisemos fazer nada para isso, pois se tivéssemos que nos lembrar de respirar ou bombear sangue, a maioria não duraria 1 semana.

Lembre-se da turma de ciências do ensino médio. Havia um gráfico que mostrava como o oxigênio era trazido para os pulmões, por intermédio do nariz, e depois levado à corrente sanguínea e bombeado para o corpo, pelo coração. O que mantém seu corpo funcionando é esse fluxo constante de oxigênio circulando em seu sangue, o que é verdade, da mesma forma que enquanto você senta aí e lê, você está começando a se transformar em um atleta.

À medida que você se move mais – quando começa a andar ou correr (pedalar ou realizar qualquer tipo de atividade que exige mais oxigênio de seu coração), ele reage quase imediatamente àquela nova demanda. Ele tem que fazer isso sob a condição de mantê-lo vivo.

Por ventura, como muitas pessoas, você decolar na sua primeira corrida e sair às pressas pela rua, tão rápido quanto possa, seu coração entrará em estado de pânico. Os seus pulmões irão requerer oxigênio, e o seu coração não dará conta. Então, seu coração fará a única coisa que sabe fazer nessa situação: parar o seu funcionamento.

Se, como estamos sugerindo, você começa a se movimentar mais, um pouco de cada vez, seu coração poderá atender às novas mudanças incrementais e não cessará de bater.

A parte mais surpreendente é como seu sistema aeróbico se adapta rapidamente às novas demandas. Ao solicitar pequenos aumentos de fluxo sanguíneo, ao caminhar ou correr em ritmo confortável por pouco tempo, você pode começar a ver uma melhora mensurável em seu sistema aeróbico, em tão pouco tempo quanto 3 semanas.

Três semanas, porque seu sistema aeróbico é tão altamente desenvolvido, que poderá adaptar-se quase imediatamente. Isso explica o porquê de depois de apenas algumas semanas ativo, quase todo mundo começa a se sentir mais bem disposto. O coração bate melhor, os pulmões funcionam e a vida é bela.

No entanto, é quando os problemas começam.

Seu sistema muscular não é tão eficiente quanto seu sistema aeróbico. Ele não faz as adaptações ao novo estresse causado pela atividade do mesmo jeito e com a mesma rapidez de seu sistema aeróbico. Aqui está um exemplo de como, muito frequentemente, uma pessoa inicia um exercício de rotina e porque ele está fadado ao fracasso.

Segunda-feira – correr 5 km: Nosso novo corredor está todo animado para ficar em forma. Seu cunhado, que costumava ser um corredor até se machucar, disse que ele deveria ser capaz de correr 5 km em 7 minutos, e isso é o que ele tenta fazer. Naturalmente, ele não consegue. Ele sai rápido demais e seus músculos ficam cansados, embora ele continue forçando, termina seu percurso completamente exausto e desencorajado.

Terça-feira – correr 5 km: Sem querer parecer indisciplinado, e ainda ansioso para ficar em forma, ele tenta correr os 5 km novamente. Dessa vez, entretanto, seus músculos ainda estão cansados, em razão do esforço feito na segunda-feira, exigindo muito mais dele. Nosso corredor tropeça mais adiante e passa a mesclar a corrida com caminhadas e, repentinamente, sente uma pequena dor no joelho.

Quarta-feira – correr 5 km: Ele ainda está determinado e, seguramente, cansado. Seu joelho está bastante comprometido, mas, segundo instruções de seu cunhado, se não sentir dor, o treinamento não trará resultado. Assim, mais uma vez ele retoma a corrida. Dessa vez, ele sofre terrivelmente, embora resista. Sem pensar em parar, ele tenta mesmo assim atingir seus objetivos.

Quinta-feira – correr 5 km: Ele está agonizando, em função da dor insuportável que continua sentindo no joelho e percebe que o outro joelho também começa a apresentar alguma dificuldade. Persistente, ele sai para correr, mas sente o quadril latejar, como se moessem os músculos. Mais adiante, a aproximadamente 100 metros, sem conseguir andar mais e totalmente desencorajado, ele dá meia-volta e retorna para casa.

Sexta-feira – ligar para o cunhado: *Não posso ser um corredor, por causa da má qualidade dos meus joelhos.* Soa familiar? Se você nunca tentou iniciar um programa de corrida antes, é possível que se identifique com a ideia do nosso amigo corredor. E, acredite, foi exatamente assim que começamos e fracassamos, na tentativa de nos tornar corredores. No entanto, não tem que ser dessa maneira. Os músculos são estruturados em camadas. A camada que utilizamos na maior parte do tempo, e que chamamos de músculos da segunda-feira, está relativamente em boa forma. Por essa razão, quando saímos para aquela primeira corrida ou caminhada, a maior parte do esforço é executada pelos músculos da segunda-feira.

Na terça-feira, esses músculos ainda estão cansados e, por esse motivo, convocam a próxima camada do tecido muscular. O problema é que essa camada de músculo não é usada constantemente e não tem a mesma qualificação dos músculos da segunda-feira. Desta maneira, os músculos da terça-feira se cansam mais rapidamente e a corrida fica bem mais difícil.

Quando chega a quarta-feira, os músculos utilizados na segunda e na terça-feira estão esgotados, assim a convocação vai para a próxima camada de músculos. Entretanto, essa camada não tem sido acionada desde que você tinha 12 anos de idade! Ela esta em terríveis condições e não tem nenhuma resistência. Sem resquício de força muscular, as articulações não têm suporte e o estresse recai sobre elas, causando dor.

Já na quinta-feira, não sobraram músculos de modo algum, exceto aqueles que você não faz uso, desde que engatinhava, quando bebê. Esses músculos são praticamente inúteis, e as articulações estão totalmente desprotegidas e começam a entrar em colapso.

Sabe o que vai acontecer quando a sexta-feira chegar? Muito provavelmente, você desistiu de correr.

Isso faz algum sentido para você?

O único jeito é conseguir fazer com que o músculo se adapte ao que você precisa, enquanto dá um tempo para aqueles músculos descansarem, com a finalidade de que se recuperem. Para os típicos adultos, significa que são necessárias, aproximadamente, 48 horas de repouso entre as corridas. Durante esse período, os músculos da segunda-feira enviam uma mensagem para o coração e os pulmões, explicando que eles precisam de mais oxigênio para se recuperar, enquanto as veias e artérias se envolvem na ação e começam a construir capilares adicionais para carregar o sangue extra para dentro dos músculos.

Além disso, os músculos da segunda-feira começam a se comunicar com os da terça-feira e enviam uma mensagem para que saiam da inércia e participem desse processo. Embora não estejam tão empolgados, eles respondem ao chamado.

Com um pouco de descanso, os músculos da segunda-feira ganham tempo para mais energia, para que você possa ir tão longe quando da primeira vez. O chamado para os músculos da terça-feira será somente para um pequeno apoio, e não para assumirem completamente a atividade. Nesse meio-tempo, as articulações estão protegidas pelos músculos mais fortes que você tem disponíveis, sem ficarem tão suscetíveis a dores.

À medida que seu tempo de corrida e distância aumenta, você começará a empregar mais e mais fibras musculares, até atingir um ponto onde todos os músculos estão comprometidos em ajudá-lo a se tornar um corredor melhor.

Só mais um pequeno problema: enquanto o sistema aeróbico pode conquistar um ciclo de desempenho mensurável entre 3 e 6 semanas, o sistema muscular realiza tal façanha entre 6 e 12 semanas. Isso significa que, para alguns novos corredores, o sistema aeróbico pode progredir de 2 a 4 vezes mais rápido do que o sistema muscular.

A falta de compreensão sobre essa diferença de tempo em ciclos de desempenho é a razão pela qual muitas pessoas contraem dores musculares durante 3 ou 4 semanas de exercícios ou programa de corrida. O que acontece é que o coração e os pulmões começam a se sentir melhores imediatamente e, em apenas algumas semanas, esses novos corredores decidem correr mais longe ou mais rápido, exatamente porque se sentem muito bem aerobicamente.

Mas o corpo não funciona desse jeito e você tem que ser paciente e inteligente. Sabendo que os músculos estão ficando em forma, em um ritmo muito mais gradual do que o coração e os pulmões, você terá que ritmar a si.

Além disso, também terá de considerar o sistema esquelético. Ele passa por um ciclo completo de desempenho mensurável entre 6 e 12 meses.

Isso significa que o sistema aeróbico passa por mudanças a cada 3 a 4 semanas e os músculos o fazem em 6 a 12 semanas. No entanto, as articulações e tendões não mudam, e nem podem fazê-lo, exceto sempre em 6 a 12 meses. O sistema aeróbico poderia experimentar doze ciclos de desempenho, e os músculos quatro ou cinco para cada ciclo de desempenho do sistema esquelético.

Por isso é que, tão frequentemente, as pessoas começam a apresentar dores articulares, depois de apenas alguns meses de corrida. Isso não é difícil de entender. Quando o coração e os pulmões estão saudáveis e se sentem bem, assim como os músculos, então se esforçam para aguentar maiores distâncias, com mais velocidade, antes que as articulações e tendões estejam prontos.

A maneira mais simples de entender isso é pensar na quantidade de sangue indo para cada um desses sistemas: muito sangue no coração e pulmões significa desempenho rápido. Menos sangue nos músculos significa desempenho mais lento. Pouco ou nenhum sangue nas articulações e tendões significa desempenho muito lento.

Entender o funcionamento desses três sistemas, que trabalham de forma independente, mas cooperativamente, pode fazer a diferença entre se tornar um atleta para a vida toda ou ficar machucado.

E acredite: ser ativo é melhor que se ferir.

Dicas e truques da treinadora Jenny

- Progrida gradualmente, e evite se forçar muito e cedo demais. Roma não foi feita em um dia. Leva tempo para que os músculos, tendões e ligamentos se adaptem ao impacto da corrida.
- Ouça seu corpo pelos sinais do excesso de treinamento: dores que não vão embora, irritabilidade, perda de apetite e insônia. Se você perceber sinais por excesso de treinamento, afaste-se do treino e tire alguns dias de folga.
- Se você era praticante de outro esporte, fique atento para as diferenças das forças de impacto. É sábio ser moderado com relação à distância e velocidade, mesmo que a corrida pareça fácil. Deixe seu sistema esquelético se adaptar.
- Seja inteligente e corra sabiamente. É fácil sair e correr muito e rápido demais – qualquer um pode fazer isso. É preciso ter disciplina para correr sabiamente e no nível de esforço correto.
- Faça mudanças sutis ao longo do tempo. Boa fórmula significa algo diferente para cada um. Ter consciência é o primeiro passo para correr de forma eficiente.
- Acalme-se e você acelerará a progressão de sua corrida. Correr não deve ser doloroso, mas desafiador. No entanto, se você sentir dor, é sinal de que está pegando pesado.

7

Elementos do esforço

Pérolas de sabedoria do Pinguim

Progredir como corredor é um processo de pequenos ganhos, frustrantemente devagar. É uma questão de elevar sua quilometragem lentamente, aumentar e diminuir o passo. Como corredor, a única mágica em sua vida é a da persistência.

Muitos de nós passa a vida inteira buscando essa pílula mágica. Eu quero uma que deixe meu abdome torneado, meus dentes brancos, que me permita comer o que eu quiser.

Na corrida não há outra mágica, senão aquela que você leva para as pistas, com suas próprias soluções para os problemas. O seu esforço é único para você.

O que a corrida ensina é que podemos ir de onde estamos para onde queremos estar. No entanto, temos que ir um dia de cada vez.

Se você chegou até aqui, há uma boa chance de estar interessado em aprender a correr, ficar em forma, perder peso ou algo do gênero.

De nossa parte, tentamos fazer o possível para que todo este trabalho possa ser divertido e interessante. Entretanto, a verdade é que nem tudo é tão emocionante assim. É como você se interessar em saber como funcionam seus intestinos, com a diferença de que não seria um tópico que o faria ir direto a uma livraria e comprar algo que traga mais informação.

Agora vamos explicar porque deixamos para dizer isso somente no capítulo 7. Você até pode pensar que estamos sendo um pouco injustos. Certamente existem pessoas que são capazes de compreender qual é a diferença entre RAM e ROM em seu computador, ou porque seu carro obtém melhor quilometragem com gasolina em uma proporção de 3,87 de traseira do que com 3,97. Se você é uma dessas pessoas, então aguente firme, porque você vai amar as próximas páginas.

Se, no entanto, você quer apenas saber onde está o botão de "liga" e "desliga" em seu computador, ou onde a gasolina é colocada no carro, então isso pode exigir um pouco de paciência e disciplina de sua parte.

Dizendo de forma bem simples, primeiramente você precisa entender quais os tipos de esforços que existem, como seu corpo reage a esse aspecto, porque ele reage da maneira que o faz, como essa reação afeta a percepção daquele esforço e o que fazer a respeito, uma vez que você conhece todo esse processo.

Saiba que no centro de tudo isso está seu coração, que é nada mais do que essa grande energia, a estação de salvamento do seu corpo. E ele se importa com que tipo de esforço você está fazendo, embora isso não queira dizer que ele fará alguma exigência, porque esse músculo foi feito exclusivamente para responder às demandas que recaem sobre ele.

A primeira demanda é manter você vivo. Esse é o requerimento mínimo que você pode fazer, chamado de batimento de inércia do coração.

Para a maioria das pessoas, pela manhã, o batimento de inércia do coração está no mínimo que se pode chegar. Mas se você for o tipo de pessoa que se levanta em estado próximo ao pânico, por causa de tudo o que terá que fazer durante dia, as chances são de que o batimento de inércia do seu coração não seja baixo logo pela manhã.

Se por exemplo, você tiver altos e baixos durante o dia, até o anoitecer, sem fazer uso de álcool ou drogas, então seu batimento de inércia do coração será, provavelmente, mais baixo à noite, na hora em que for dormir.

Por que você deveria se importar com seu batimento cardíaco de repouso? Porque ele é a melhor medida da elevação do seu nível de condicionamento físico e, simplesmente, a mais acurada.

Se você medir seu batimento cardíaco à noite e ele acusar 72 batimentos por minuto, isso não significa nada, exceto que seu coração tem que bater 72 vezes por minuto para lhe manter vivo. Se você medir o batimento cardíaco de um amigo seu, por exemplo, e acusar 68 batidas, isso significa que, naquele dia, seu coração teve que bater 68 vezes por minuto para mantê-lo vivo.

Se você fosse realizar alguma experiência parecida com a do doutor Frankenstein e trocar corações, o seu talvez ainda batesse mais no corpo de seu amigo do que no seu, ou ainda batesse mais devagar. De qualquer maneira, isso não importa. Mais baixo, com certeza, não significa melhor.

Outro batimento cardíaco importante é o batimento cardíaco máximo, ou seja, a maior velocidade que seu coração pode alcançar, sob qualquer circunstância. Não importa se você está correndo, caminhando, caindo de um avião ou se apaixonando, seu batimento cardíaco máximo deve ter um valor fixo. Assim temos: batimento cardíaco máximo e mínimo.

E, igualmente ao seu batimento cardíaco de descanso, o seu máximo também será único. Ele é baseado no sexo, na idade e na sua compleição física, embora não tenha nada a ver com seu nível de condicionamento físico. Você não pode aumentar seu batimento cardíaco máximo por meio de exercícios.

Diferentemente de seu batimento cardíaco de descanso, que você pode controlar até certo ponto, o batimento cardíaco máximo é muito bem definido no nascimento e fica mais baixo a cada ano que passa. Você pode controlar o batimento de alguma forma, mas não pode impedir que o seu batimento cardíaco máximo fique mais baixo com o tempo.

No entanto, nenhuma fórmula que você possa conhecer para calcular seu batimento cardíaco será exata, porque é um método que deve ser utilizado somente por profissionais da saúde, levando em conta que todos nós temos corações de tamanhos e batimentos diferentes. Portanto, recomendamos que você procure um profissional da área para determinar qual é seu batimento cardíaco máximo atual. Assim, terá mais segurança para determinar sua zona de batimento cardíaco de treinamento, caso você também queira manter o seu esforço em treinar com um monitor de batimentos cardíacos, segundo a recomendação da treinadora Jenny.

Atualmente existem muitos monitores que são fáceis de usar e que dão um retorno imediato sobre a força com que seu corpo está trabalhando. Eles acabam com todas as imprecisões, em nível correto de esforço. No capítulo 16 você encontrará mais informação a respeito dos monitores de batimento cardíaco.

O número importante, em termos de esforço, é a diferença entre seu batimento cardíaco máximo (real ou aproximado) e o batimento cardíaco de descanso. Esse número é chamado de reserva cardíaca: o tanto de "coração" que você tem que trabalhar como um atleta. O batimento cardíaco de descanso é o que seu corpo precisa para manter-se vivo e o máximo é o *seu* máximo.

Você pode pensar o seguinte: se eu posso baixar meu batimento cardíaco de descanso quando estou em melhor forma, então, apesar de eu não poder mudar meu batimento cardíaco máximo, posso aumentar a minha reserva cardíaca! Se você desvendou isso sozinho, já tem nota 10 e pode ir para frente da classe.

Também podemos dizer: seu batimento cardíaco de descanso é a medida do seu condicionamento físico. À medida que você fica mais em forma, esse número baixa. Mesmo que o seu máximo permaneça o mesmo, a sua reserva cardíaca aumenta, porque seu batimento cardíaco de descanso fica mais baixo e mais rápido do que seu batimento cardíaco máximo.

Nossa amiga de 40 anos de idade, por exemplo, tem, atualmente, um batimento cardíaco de descanso de 85 e um batimento cardíaco máximo calculado de 185. A reserva cardíaca dela é de 100 batimentos. Ela começou um programa de caminhada-corrida e depois de poucos meses, o batimento cardíaco de descanso dela decresceu para 75, o que significa que a reserva cardíaca dela é agora de 110 batimentos. Isso é um aumento de 10% em energia cardíaca acessível, o que é um retorno de investimento muito bom.

Por que você deve se importar com isso? Porque quando se fala sobre esforço, real *versus* perceptível, ficar em forma, construir um coração mais saudável e com melhor eficiência cardíaca, distribuir sangue nos músculos em resposta à demanda baseada em esforço, estamos realmente falando sobre o aumento em sua reserva cardíaca.

Todos nós temos um limiar anaeróbico: o ponto de partida do qual os músculos começam a usar mais oxigênio do que o corpo pode suprir. Esse é também o ponto no qual os músculos não podem mais "esgotar" os resíduos tóxicos das demandas e do uso dos músculos. Essa exaustão é chamada ácido lático, o subproduto da queima muscular.

Se você alguma vez já viu um corredor com câimbra no final de uma corrida, sabe do que estamos falando. Você verá isso mais frequentemente no final de uma aceleração de 5 km, quando um corredor vai além daquele limiar e não há nada que ele possa fazer, de modo que suas pernas ficam plenas do tóxico ácido lácteo e ele termina a prova chorando por uma pausa.

O limiar anaeróbico é, realmente, um limiar. Ele é uma linha, um número, um ponto exato a partir do qual seu corpo se torna anaeróbico. Abaixo daquela linha, a vida é boa. Acima daquela linha, estão os problemas.

Você realmente tem que estar em excelente forma para experimentar esse limiar anaeróbico. E saiba que não é isso o que acontece quando você tenta correr aceleradamente pela primeira vez na rua da sua casa, e ao final está curvado, com falta de ar. Isso não é o seu limiar anaeróbico, mas apenas o quanto você está fora de forma.

Na maior parte do tempo, a maioria de nós quer estar em nossa zona aeróbica. E aeróbico simplesmente significa *na presença de oxigênio.* Portanto, isso significa que os atletas querem se exercitar, correr, andar ou fazer qualquer outro exercício em um nível de esforço que seja baixo o suficiente para o coração entregar a quantidade de sangue oxigenado que os músculos requerem.

Diferentemente do limiar anaeróbico, que é uma linha muito estreita, a zona aeróbica é bem larga, entre o batimento cardíaco de descanso e o limiar anaeróbico.

Talvez você esteja pensando que a zona aeróbica é também aumentada ao baixar o batimento cardíaco de descanso, mas isso não é assim tão simples.

Para a maioria das pessoas, o limiar anaeróbico fica em torno de 85% do batimento cardíaco máximo, mas você não pode apenas multiplicar o máximo por 0,85 para encontrá-lo. Você tem que usar a reserva cardíaca e depois adicionar de volta o batimento cardíaco de descanso.

Quanto à nossa amiga, ela começou com uma reserva cardíaca de 100. Oitenta e cinco por cento dos 100 é 85. Isso, mais o batimento cardíaco de reserva que ela consegue em 85 batimentos por minuto, fazem com que seu limiar anaeróbico seja efetivamente de 170.

À medida que ela ficar em forma, sua reserva cardíaca passará para 110. Oitenta e cinco por cento de 110 é 93 e adiciona-se novamente o seu novo batimento cardíaco de descanso de 75, fazendo com que seu novo limiar anaeróbico seja 168.

Você ouve toda essa falação sobre elevar o limiar anaeróbico, mas isso simplesmente não é verdade. O que você pode fazer é melhorar, ao saber exatamente onde seu limiar anaeróbico está, como se sente quando você se aproxima dele e qual a sensação de se sentir bem à sua beira, sem que você o eleve.

E você se importa com isso, porque vai querer ficar mais veloz e talvez acredite que conseguirá esse feito ao trabalhar mais vigorosamente ou forçando-se a ir mais longe, querendo que seu corpo aguente mais dor. Mas você não conseguirá. Você ficará mais rápido ao melhorar sua eficiência e aprender como exigir menos do seu coração, em um determinado ritmo.

Isso nos leva para as únicas quatro palavras que você realmente precisa conhecer para começar a melhorar seu treinamento. Elas são os elementos essenciais de todo o programa de treinamento e os que continuaremos a nos referir ao longo deste livro. Elas são:

Frequência – Intensidade – Duração – Método

Frequência é a quantidade de vezes que você se exercita. Quantas vezes você colocará estresse em algum elemento particular da sua fisiologia? Quantos dias por semana? Qual o nível de estresse? Quanto tempo de recuperação?

Intensidade se refere a quanta demanda é destinada a nossos vários sistemas. Uma intensa atividade cardíaca pode não ser uma intensa atividade esquelética e vice-versa.

Duração é por quanto tempo você fará o que estiver fazendo.

Método significa simplesmente o que você está fazendo. Correndo, andando, pedalando, nadando ou perseguindo seu cachorro.

Frequência e método parecem ser autoexplicativos. É provável que você tenha menos frequência no início, porque precisará de mais descanso e tempo para recuperação. Lembre-se de que você não pode ultrapassar um programa de treinamento de 6 dias por semana se esteve inativo na maior parte de sua vida.

A decisão sobre a frequência é altamente individual e baseada, em parte, no estado de seu condicionamento físico geral, metas, idade, estilo de vida, velocidade de recuperação etc. A chave é combinar a frequência com o seu programa de atividade atual. Se você está inativo, comece moderadamente com 3 ou 4 vezes por semana. Se você está buscando seguir o Programa de Perda de Peso, notará que a frequência é mais alta, e a duração ou tempo é mais baixo. Nesse programa é mais importante acelerar seu metabolismo com mais frequência do que estabelecer a sua quilometragem.

O método também é uma decisão altamente pessoal. Antes de tudo, e em primeiro lugar, nós somos corredores, embora não sejamos exclusivamente corredores. Nós também gostamos de pedalar, de remar um caiaque e de uma longa caminhada. Na verdade, gostamos de quase qualquer atividade que nos movimente. Você pode achar que correr ou caminhar 2 vezes por semana é o máximo que seu corpo pode suportar de forma sadia. Então, que seja. O seu sistema aeróbico não se importa. Você pode precisar misturar e combinar métodos para permitir que seus sistemas muscular e esquelético acompanhem seu coração e pulmões.

Os dois conceitos-chave são intensidade e duração. E eles não podem estar separados um do outro, porque estão intrinsecamente interligados agora e sempre. Seja essa a sua primeira semana, ou se você tem sido um atleta por toda a sua vida, intensidade e duração são inversamente proporcionais.

A seguir estão as únicas três regras no nosso programa de treinamento.

1. Quanto maior a intensidade, menor a duração.
2. Quanto maior a duração, menor a intensidade.
3. Você não pode mudar as regras 1 e 2.

Não há como escapar dessas regras. Você pode tentar, mas não funcionará. Se você quiser uma atividade física intensa, ela tem que ser mais curta e instigante. Se quiser uma atividade longa, terá de ser com um nível confortável de esforço.

Nós estamos impressionados em ver o quanto é difícil para determinados novos corredores entender o básico do esforço inversamente proporcional e intensidade. Eles imaginam que, se correr severamente por pouco tempo é bom, então, correr arduamente por muito tempo é melhor ainda. Mas não é nada disso.

É importante que você entenda tudo isso, se quiser ser bem-sucedido. Nós sabemos que funciona e temos visto milhares de vidas mudadas, meramente pela compreensão de como o seu corpo funciona.

Dicas e truques da treinadora Jenny

- Se você é um corredor inexperiente, todas as suas corridas devem ser aeróbicas ou na zona de conforto. Isso concede tempo para que o sistema cardiovascular e esquelético-muscular se adapte ao treinamento.
- Use um sistema para monitorar a pulsação. Monitores de batimentos cardíacos ou a nossa I-Escala de velocidade (apresentada nos Programas de Treinamento, no Apêndice) são duas ótimas maneiras de monitorar níveis de esforço.
- Use a marcha ou velocidade correta. Na maioria das vezes, você usará marchas 1 ou 2 para treinos de ritmo fácil. Para ritmos de corrida mais rápidos, use marchas 3 e 4, e quando se aproximar da linha de chegada de uma corrida, vá para a marcha 5. Evite se acomodar com a terceira e quarta marchas, para todo o seu treinamento. Pode ser agradável treinar duro, mas, eventualmente, as exigências de um excesso de treinamento terão um custo.
- Como um corredor novato, você deve alternar dias de corrida com *cross-training* ou dias de descanso. O corpo terá tempo para se recuperar, ficar mais forte, e correr maiores distâncias e mais rápido. Evite tentar oscilações na frequência por 6 a 8 meses, quando você terá uma base idônea de corrida regular a seu favor.
- O fator diversão diminui proporcionalmente a quão mais rápido você correr. Quanto mais rápido for, mais difícil será, você ficará irritado e menos vai querer correr nas próximas vezes. A chave para desenvolver um programa contínuo de desenvolvimento é alternar a frequência da corrida com *cross-training* e descansar, mantendo a intensidade confortável e a duração curta.
- Use os programas de treinamento deste livro. Eles estão estruturados para um progresso seguro, semana a semana, e são consecutivos, para que você comece com um e forme uma base para o outro programa.

8

Ganhando o jogo mental

Pérolas de sabedoria do Pinguim

Os meus tênis de corrida eram como borrachas gigantes. Cada passo dado apagava algum erro anterior.

Eu fiz mil promessas para mim, durante a minha vida inteira. Eu prometi parar de fumar, beber ou comer demais – mas fracassei.

Eu prometi ficar em forma, perder um pouco de peso, cuidar melhor de mim, ser um melhor marido, pai, filho e pessoa – mas falhei.

No entanto, com a corrida consegui ser bem-sucedido. No início, o sucesso foi simplório e algumas vezes tão simples quanto um único passo. Mas, depois de uma vida inteira de erros, esse era todo o sucesso que eu precisava.

Quando jovem, imaginei me tornar um jogador de tênis. Eu tinha todo o equipamento, comprei um calçado apropriado, entrei na quadra e me prontifiquei a começar.

Um bom amigo concordou em me ensinar o jogo. Suas instruções eram simples: seja a bola.

Seja a bola? Eu não tinha ideia do que aquilo queria dizer e nem sequer era capaz de entender como acertar a bola. Então, deixei que ela fosse sozinha.

Depois de poucas semanas, não obstante, a verdade que ele disse tornou-se mais clara. Ao focar menos onde eu estava e o que iria fazer, e mais onde a bola estava e o que ela iria fazer, repentinamente encontrei uma posição para acertá-la com mais frequência. Eu ainda não conseguia rebatê-la para onde eu queria que ela fosse, mas, ao menos, eu começava a ter uma noção de como podia pensar, agir e reagir com a bola, em relação ao jogo.

Quando comecei a correr, eu estava tentando ser um corredor e tentei controlar cada aspecto do que eu estava fazendo. Quanto mais eu lia sobre correr, mais controle eu tentava exercer sobre cada aspecto da minha corrida.

Então, tentei correr como se fosse mais alto, como se estivesse sendo puxado por um fio, como se tivesse uma cinta de borracha presa ao peito, arremessando-me para frente e como se estivesse correndo sobre carvões em brasa. Eu tentei de tudo.

Casualmente cheguei a aprender que o corredor que eu queria ser estava dentro da minha cabeça, na minha mente e imaginação. Tudo o que eu precisava fazer era tentar fechar o espaço entre o que imaginei poder ser e o que realmente era.

Eu me imaginei correndo sem esforço, como Mark Allen, campeão de Ironman. Imaginei-me correndo com um propósito e ritmo constante.

Mas quando fui capaz de parar de olhar para fora e observar o porte horrível, a forma desajeitada, o passo dolorosamente devagar e a completa deficiência de meu condicionamento físico, comecei a parecer um corredor.

Quando me olhei de dentro para fora e ouvi meu coração batendo, os pulmões trabalhando, o som dos meus pés atingindo o chão, passo a passo, inexoravelmente me levando para frente, comecei a me sentir um corredor.

Descobri sozinho o que a maioria dos corredores experientes já sabia: parafraseando Yogi Berra,* 90% da corrida é 75% mental.

O que me impediu de ser um corredor no primeiro momento foi não poder me imaginar como um corredor. Portanto, se você não pode imaginar, também não pode fazer. Assim que fui capaz de me imaginar correndo, já estava no caminho para me tornar um corredor.

O que me frustrou em correr os 10 km, maratona, ou qualquer outra distância, foi o fato de eu não poder me imaginar fazendo aquilo. Não foi o meu corpo que me atrapalhava para alcançar os meus sonhos, mas a minha imaginação.

Inclusive, quando as mudanças no meu corpo estavam se tornando mais visíveis, mesmo depois de começar a perder peso e eu estar correndo com regularidade, ainda me imaginava como costumava ser, e não como eu era.

---

* Famoso jogador de basebol norte-americano dos anos 1940 e 1950. (N.R.)

Temos programas de treinamento para assumir nosso corpo de forma lenta, mas, seguramente, a distâncias maiores e em um ritmo mais rápido. Assim como temos diretrizes sobre quanto correr, em qual distância, velocidade e frequência. Mas, às vezes, o nosso organismo alcançará semanas e meses à frente da nossa imaginação.

Se você está correndo, você é um corredor e tem o direito de se imaginar correndo, do jeito que quiser, assim como tem o privilégio de pensar como um corredor.

Quando eu era músico, conseguia ver o mundo como tal. Eu via, ouvia e experimentava o mundo como um músico. Eu ouvia as melodias da vida, e a harmonia e desarmonia ao meu redor. Ouvia o mundo como uma sinfonia, na qual eu estava tocando a minha pequena parte.

Agora eu vejo o mundo como um atleta e corredor, e o experimento como uma série de lutas e regenerações. Conduzo a minha corrida, aplico-a em minha vida e sei que existem dias bons e dias ruins. Eu sei que há dias em que o fácil fica difícil e o difícil fica fácil. Mas eu penso como um corredor, mesmo quando não estou correndo, e tenho uma mente de corredor, não importa o que eu esteja fazendo.

Também observo o esforço, qualquer esforço, como uma necessidade elementar do crescimento. Sei que preciso de um modelo de estresse e recuperação para me fortalecer. Sinto meu corpo como uma ferramenta que me ajuda a conquistar minhas metas, e não simplesmente como um recipiente, no qual eu tenho que viver a minha vida.

Quais são os meus pensamentos hoje?

Eu me tornei o par de tênis e viajo por esta estrada despreocupadamente. Sigo adiante, um passo de cada vez, porque o último passo está atrás de mim e eu não posso mudá-lo. O próximo passo ainda estar por vir, mesmo que eu, até então, não esteja lá. Portanto, sou apenas esse único passo e sou somente esse único momento. Isso é tudo o que eu sempre posso me imaginar sendo.

Quanto à Jenny, durante os 10 dias em que esteve nas selvas de Borneo e Fiji, nas competições da expedição Eco-Challenge, sua jornada teve um efeito incrível em seu jogo mental. Na primeira tentativa, ela permaneceu na linha de partida, como um cervo, na mira com competidores de toda a parte do mundo, e ela pensou: Ótimo. Serão somente 10 dias pela frente! Muito rapidamente, Jenny percebeu que não era um plano mental muito bom e começou a separar a distância em partes menores, mais digeríveis, e os dias viraram minutos e marcas.

Então, mentalmente, ela caminhou ao longo da corrida, de marca a marca, sem digerir toda a competição de uma só vez, quando, de repente, ela se viu competindo confiante a respeito das metas menores que alcançou, e que permitiram a ela e à sua equipe, finalmente terminar a prova.

Talvez você esteja se perguntando: como posso fazer isso? Como meu corpo correrá uma competição de 5 km, se eu mal posso correr até o final da minha rua?

Essas são verdadeiras questões que podem flutuar sobre nossas cabeças – e a maioria das pessoas pensa desse modo.

Para se livrar daquela voz repetitiva, simplesmente pare, pendure os seus tênis e vá à sua cafeteria preferida.

Apesar de o treinamento físico parecer ser a chave para uma corrida bem-sucedida, é o condicionamento mental que suporta tudo o que você faz. Igualmente ao físico, o condicionamento mental cresce com a experiência e o tempo. A sua mente é a sala de controle de seu corpo. Se na torre a equipe de apoio estiver transmitindo sinais negativos, imagine o que acontecerá com a sua corrida!

Mas, se eles enviarem os sinais positivos, você irá correr, sorrir e seus esforços serão muito mais fáceis. Caso aconteça de você ter um pensamento negativo durante uma corrida, ou a preocupação em terminá-la, respire fundo e foque em todas as coisas boas que você tem feito até então.

Se você está tendo um dia difícil, relaxe, diminua o ritmo e foque mentalmente em dar um passo de cada vez. Se, ao contrário, tiver um ótimo dia, anote os seus pensamentos durante a atividade. A maioria das corridas pode ser mais alegre se você aquietar as vozes e sintonizar com o que está acontecendo à sua volta.

Se tudo isso parecer intimidador, como você atingirá a sua meta?

Certa vez, um bom amigo de competição de aventura disse à Jenny: você não pode comer um elefante com uma mordida somente mas poderá comê-lo se der uma mordida de cada vez.

Apenas pense nos próximos minutos ou quilômetros à frente e renda-se ao fato de que estará lá por 30 minutos, 1 hora, ou por qualquer tempo que for preciso, e em seguida desenvolva um plano mental com metas mais curtas para superar isso.

Se você for um corredor-caminhante, já tem um ótimo plano mental. Se estiver correndo 5 minutos e caminhando 1 minuto, tudo o que você tem a fazer é focar nos próximos 5 minutos da corrida.

Também é muito importante cuidar-se nutricionalmente. Se você estiver com baixo nível de açúcar no sangue, sua mente será a primeira a enfraquecer e você cairá no que chamamos "acabe comigo". E esse é um convite para pensamentos negativos. Evite pular refeições e mantenha estáveis os níveis de açúcar de seu sangue durante todo o dia.

Pense em como você quer se sentir ao final da corrida ou competição: orgulhoso e animado pela sua conquista, ou triste pelos resultados?

Nas competições de expedição que corri, ficava imaginando em como as coisas poderiam ser piores. Eu poderia correr uma montanha acima, na areia, sentindo-me mal, ou então poderia estar sentado sobre um cacto, enquanto tentava ir ao banheiro. As coisas sempre podem ser piores. Tenha fé no seu treinamento e em você mesmo. Acredite que você pode. Tão assustador quanto isso possa parecer, entregue-se ao desconhecido e aproveite cada passo dado. O treinamento é a sua jornada e as competições são as celebrações!

Você é o que você pensa, e todos nós respondemos de maneira diferente ao mesmo cenário. Por exemplo, John pode ficar ansioso a respeito de uma corrida de longa distância, enquanto eu, algumas vezes, fico com medo de uma competição. Os nossos pensamentos e emoções são baseados em nossa experiência e diálogo interno, ou em como nos sentimos a nosso próprio respeito.

Pesquisas indicam que atletas que se desenvolvem com excelência mantêm um ponto de vista positivo. Quando carregamos crenças positivas sobre nós mesmos, teremos resultados positivos. Por exemplo, você pode afirmar que irá correr 30 minutos e terminar da melhor forma possível.

Por outro lado, se pensarmos negativamente, o resultado será de maiores experiências negativas. Por exemplo, se você afirmar: Eu estou arruinado e não vou conseguir terminar essa corrida.

Lembre-se de que a chave é que você tem o poder de mudar seu processo de pensamento.

Imagine que, depois de um longo dia, um atleta sai para uma corrida de 40 minutos e se encontra extremamente cansado, irritado e com pouca motivação. Nesse caso, que opções ele teria? Poderia correr e continuar pensando negativamente, ou ir em frente, talvez com menos expectativa em relação ao exercício, e pensar o quanto se sentirá melhor quando tudo terminar.

Como você pode ver, é tudo uma questão de interpretação. Quanto mais negativamente pensarmos, mais esforço teremos de fazer.

Também é oportuno mencionar que ter flexibilidade é importante na vida de um corredor. Digamos que você decida competir uma corrida de 5 km, e para isso treinou por alguns meses, tem os equipamentos necessários e está pronto para o desafio. No entanto, no momento da largada começa a chover, e a sua motivação desaparece.

Se for esse o seu caso, isso indica que você é um corredor de primeira viagem, porque poderia fazer disso um estímulo externo, suficiente para vencê-lo em seu jogo mental. Entretanto, você tem treinado sua mente para ser flexível e poder lidar com cada obstáculo que aparece em seu caminho. Isso é também uma técnica muito importante a ser usada no dia a dia. Quantos dias são perfeitos, afinal?

Dicas e truques da treinadora Jenny

- Quanto aos desafios que parecem ser avassaladores, parta-os em pedaços menores e mais digeríveis. Se for uma corrida de 30 minutos, por exemplo, pense somente nos primeiros 5 minutos, ou em uma situação em seu percurso de corrida, e depois nos 5 minutos seguintes em outra situação. Começar com uma meta de 5 minutos é muito mais plausível do que pensar nos completos 30 minutos de uma vez só.
- Você é o que você pensa. Treine sua mente para funcionar com o seu corpo. É uma sociedade de 50/50, e você irá mais longe, com ambos inteiramente a bordo.
- Seja mentalmente flexível, bem como fisicamente. Você pode precisar alterar o seu exercício físico ou a sua estratégia de corrida, em caso de fadiga ou mau tempo. Vá com o que a corrida apresenta. Você nunca sabe, mas poderá apenas aproveitar a corrida que principia, com um sentimento respeitável.
- Nos dias em que a sua motivação estiver em baixa, induza-se a correr. Pense sobre como você se sentirá, caso não corra, do que quando o faz. Coloque seus tênis e as roupas apropriadas. Na maioria dos casos, isso é o suficiente para dar um pontapé inicial no seu entusiasmo. Direcione-se para um novo trajeto ou dê uma olhada em seu diário de corrida. Deixar a sua mente estimulada e ansiosa a respeito da corrida, na maioria dos casos, irá também motivar o seu corpo.
- Em seu diário, faça anotações detalhadas sobre como você se sente – feliz, nervoso, hilário, orgulhoso –, após os exercícios. É divertido revisar o momento em que você esteve nervoso a respeito dos 30 minutos de corrida, e ver quanto você foi longe e conseguiu chegar.
- Foque nas suas metas e mantenha-se realista. Comparar-se a alguém que corre mais rápido ou mais longe é uma ótima maneira de pormenorizar suas realizações e jogar em um estado mental negativo.
- Recompense a si pelas suas conquistas e saboreie a energia positiva de atingir uma meta.
- Evite tentar controlar o que está fora de controle, como o tempo, começo tardio, falta de sono, percurso de corrida, pessoas etc., porque, desse jeito, você dispensará uma energia mental preciosa e vai sugar a vida da sua corrida. Aceite o fato de que você não pode controlar essas situações e pense sobre as maneiras de lidar com eles antes de acontecerem.
- Veja-se correndo. Visualize o percurso da competição ou da próxima corrida, e considere isso um ensaio mental e uma ótima maneira de preparar a sua mente para o próximo evento.

SEÇÃO III

Tornando-se um corredor

9

Sua primeira semana

Pérolas de sabedoria do Pinguim

Toda corrida tem o poder de nos transformar na pessoa que estamos nos tornando. Em cada corrida, cada passo poderia ser o que iniciaria a nossa metamorfose para o que sempre quisemos ser.

É fácil confundir nervosismo com medo e interpretar mal o que você está sentindo naqueles primeiros dias.

Desde o início dos tempos, o poder que tem guiado os humanos está vivo em nossa alma. A necessidade de ir além de si está queimando dentro de você.

Libere-se de suas limitações autoimpostas e deixe seu corpo guiar você para um mundo onde nada parece ser impossível.

Lembra-se de sua primeira semana na escola, quando você se sentia assustado e ansioso ao mesmo tempo? Não parecia instigante?

Você sabia que seria divertido, que aprenderia muitas coisas, mas não se sentia realmente seguro sobre o que aconteceria em seguida.

De qualquer maneira, antes de entrarmos no ônibus escolar, tínhamos que verificar se estávamos com todo o material necessário, e então conferíamos nossas canetas e lápis, a cola e o caderno de anotações. Sem esses instrumentos ficaríamos perdidos na sala de aula. O mesmo acontece em relação à corrida.

A primeira coisa que queremos que você faça é que sente-se, tire os tênis e as meias, e dê uma boa, longa e honesta olhada em seus pés. Estude-os cuidadosamente, porque eles são os mais importantes equipamentos que você tem. Você terá de levá-los nesta jornada e, além disso, começar agora mesmo a conhecer os seus pés, que são alguma mistura genética que culminou no final de suas pernas.

Talvez você tenha os dedos da sua bisavó e o dorso dos pés do seu pai, mas os seus pés são tão únicos quanto as suas impressões digitais.

Sinceramente, nós não damos a mínima para saber se os seus pés são bonitos. A Jenny, por exemplo, vai a pedicures o tempo todo, e eu tenho muita sorte quando consigo me lembrar de cortar as unhas dos meus pés, antes de virarem punhais. Independentemente de qual tipo são os seus pés, você apenas precisa conhecê-los.

Na realidade, esse não é um tratado sobre pés, mas somente um jeito de fazê-lo iniciar, de maneira que possa evitar alguns erros mais comuns. Então, se você está descalço, quer dizer que está pronto para começar.

A primeira coisa que você tem que saber é se a planta do seu pé é normal, alta ou baixa, porque, quando começarmos a falar sobre tênis de treinamento, você verá que existem tênis de corrida feitos especificamente para plantas de pés normais, altos ou baixos. E para isso, você deve fazer o teste do "pé molhado". É muito simples e você pode fazer isso na privacidade de sua própria casa.

Você precisará de uma banheira ou de uma bacia rasa, água e um pedaço de papel liso, que não absorva água. Depois de tudo preparado, pise na água e molhe toda a sola do pé, de ponta a ponta. Em seguida, suspenda-o, coloque-o sobre o papel e pressione com força. Repita essa operação com o outro pé.

Feito isso, observe a marca que ficou no papel e descubra: se você tem a sola do pé normal, verá impresso no papel o seu próprio pé. Conseguirá ver claramente um calcanhar, uma aresta exterior que vai até os dedos, e um bordo interior que é interrompido bem na frente do calcanhar e retorna para a bola do seu pé.

Se você tem um grande arco ou pé rígido, verá seu calcanhar, e depois um fosso entre ele e a bola do seu pé, sem nenhuma conexão entre o calcanhar e a bola.

Se você tem um arco baixo, provavelmente verá um pé gigante como uma bolha, onde tudo está conectado, do calcanhar até os dedos dos pés, por dentro e por fora.

Lembre-se de que nada disso tem importância, senão para que você conheça o seu pé.

Se você está ansioso para saber um pouco mais, tente o mesmo enquanto sentado. Compare a impressão do pé, com e sem o peso do corpo. Se houver uma enorme diferença, você pode ter o arco do pé alto, mas os ossos maleáveis. Novamente, você apenas precisa conhecer.

Agora, dê uma olhada rápida nos seus dedos e observe: O seu pé é mais comprido até o dedão ou até o segundo dedo? A bola do seu pé parece grande, se comparada ao seu calcanhar?

Depois dessas observações, você estará pronto para encarar a loja mais próxima e comprar seu primeiro tênis para corrida.

Pronto, você já tem o seu tênis, e está na primeira semana do seu programa de treinamento. Então, preste muita atenção, porque o primeiro passo pode ser o mais intimidador de todos. Você está confortável com o que está atrás de você, mas não está seguro a respeito do que está à frente. Essa é a hora da verdade. Você poderia voltar e continuar com a sua vida ou optar pelo que está atrás da porta número 2 e iniciar realmente a sua carreira na corrida.

A sua primeira corrida deve ser desafiadora, embora confortável e divertida. Você deve ouvir a sua respiração, mas sem sentir falta de ar. Deve correr em um ritmo com o qual possa terminar o exercício, sem entrar em colapso no final. E também sentir-se mais poderoso, mesmo que mais desafiado. Não será fácil, mas, com certeza, não será impossível. Se correr fosse simples, todos estariam fazendo isso.

Visto que você está fazendo algo novo, a primeira semana será carregada de motivação e entusiasmo. Você já tem roupas e calçados adequados, e a chave para atravessar a semana é se fixar ao seu programa de treinamento e evitar os excessos. Correr além da marca que você atingiu anteriormente durante a semana pode parecer sedutor, mas, por favor, tenha em mente que o impacto de correr é cumulativo, e se você exagerar, adiantando-se no tempo, poderá causar danos nas próximas semanas. Siga o plano e você se adaptará tão rapidamente que ficará maravilhado com a sua transformação.

Minha primeira corrida me levou, aproximadamente, a 300 passos de frente de minha casa, cerca de 400 metros. Quatro décimos de quilômetro é a distância que eu podia correr, andar e gingar quando comecei. Mas aquela curta distância me deu autoconfiança e entusiasmo suficientes para fazer a marca de 2 km a partir da porta da frente da minha casa. Levei 6 meses para atingir essa marca, mas consegui.

Roma não foi construída em um dia, e o nosso corpo também se adapta em seu próprio tempo.

A primeira corrida oficial de Jenny, com suas amigas, durou em torno de 30 minutos e aproximadamente 3 km. Nada que quebrasse recordes mundiais, mas ela certamente estava feliz por terminar com um sorriso no rosto. Ela ainda se lembra daquela primeira corrida, porque foi a primeira vez que ela correu mais do que conseguiu fazer até o final do quarteirão de sua casa, sem desistir. De fato, ela conversou durante todo o caminho e se surpreendeu quando a corrida tinha acabado.

Nós sobrevivemos à nossa primeira semana, e você também pode. Intensidade é a chave para seguir na segunda semana. Quanto mais rigorosamente você se força, menos gosta, mais quer se aposentar e pendurar seus tênis, e nós vemos muito isso acontecer com corredores do tipo A, como a Jenny.

No primeiro treino, colocamo-nos à frente do grupo, esperando para alcançar maior distância e velocidade, e acabamos em último lugar, atrás de todas as outras pessoas que estão rindo ao cruzarem a linha de chegada do treinamento de corrida.

Nos primeiros treinos, correr em uma esteira é uma maneira de controlar sua velocidade. Isso lhe dará uma noção inicial para perceber velocidades diferentes. Apesar da corrida em esteira ser levemente mais fácil do que correr ao ar livre, é uma ótima forma de começar.

As esteiras são um pouco mais generosas com o impacto, e se você mora nas montanhas ou em declives de morros, pode começar em um terreno plano e se preparar para tentar os morros.

Outra maneira de monitorar o nível de velocidade e esforço é seguir o que você sente. Não um sentimento de tristeza ou felicidade, mas de facilidade, dificuldade ou impossibilidade.

Nós usamos a I-Escala de velocidade para monitorar o nível de esforço enquanto você corre. É uma escala simples – de 1 a 10 – que mostra facilidade na marcação 1 ou em descanso, enquanto assiste ao mais recente reality show, até chegar na marcação 10, durante um grande esforço, quase ao ponto de desistir.

Para a maioria das corridas, inicialmente você deve estar entre 6 e 7 na escala, ou em uma velocidade de conversação, que é na qual você ainda pode falar. Depois de tudo, isso deve ser divertido, certo?

Nós temos solucionado alguns dos maiores problemas do mundo em corridas. Portanto, conversar é fundamental. Se você mal consegue dizer "sim" ou "não", quer dizer que está correndo demais. Se estiver ofegante, como se tivesse subindo o Monte Everest, quer dizer que está correndo demais. Se estiver com vontade de esmurrar a pessoa ao seu lado, só porque ela está feliz, sem aparentemente enfrentar alguma dificuldade, é sinal que você está correndo demais.

O oposto disso também é verdade. Você quer ser capaz de conversar, mas não de cantar uma canção. Assim, se você se render "as montanhas estão vivas com a melodia da canção",* concluiremos que você não está trabalhando duro o suficiente.

Se você quiser alta tecnologia, pode usar um monitor de batimentos cardíacos para um resultado instantâneo enquanto corre ou caminha. É um meio bastante exato de monitorar velocidade e esforço. Você pode aprender tudo sobre monitores e o significado do treinamento baseado no esforço no capítulo 16. Mas, por enquanto, vamos nos ater ao básico.

Quer você vá de I-Escala de velocidade ou batimento cardíaco, monitorar o seu esforço é fundamental para progredir até o próximo nível e correr sabiamente. Você não poderia aprender geometria sem primeiro aprender os seus números e formas no jardim de infância, e, portanto, não deveria correr arduamente na sua primeira semana ou mês.

Esse processo não precisa ser tão desafiador, mas também não tão difícil a ponto de você odiá-lo. Selecionar o nível certo de programa, baseado em seu condicionamento físico e nível de experiência, treinar com a intensidade e velocidade certa, e se ater ao programa, lançará você para a próxima semana de treinamento com um sorriso no rosto e cheio de autoconfiança.

---

* Trecho de uma das canções do filme *A noviça rebelde.* (N.R.T.)

Dicas e truques da treinadora Jenny

- Sempre comece a sua carreira de corredor com um novo par de tênis de corrida sob medida. Eles o sustentarão quilômetro a quilômetro e diminuirão os riscos de lesões. Doe aqueles tênis velhos que têm mancha de grama, porque não servirão para a sua carreira de corredor.
- Enquanto você estiver fazendo compras de tênis, procure algumas meias para corrida também. Elas prevenirão formação de bolhas.
- Revise seu programa de treinamento e familiarize-se com a sua estrutura. Ele foi projetado para prepará-lo para correr uma competição, perder peso ou voltar a correr regularmente. Seja qual for a sua meta de corrida, você poderá ter de modificar o programa para encaixá-lo em seu estilo de vida.
- Inicie cada exercício com uma caminhada de aquecimento de 5 minutos para aumentar gradualmente a respiração e batimentos cardíacos, e preparar o seu corpo para a corrida. Termine todos os exercícios com uma caminhada relaxante, para retornar aos poucos ao estado de descanso.
- Coloque seus exercícios para a semana em um planejamento ou PDA. Uma vez que o exercício esteja agendado, é mais difícil deixar de fazê-lo.
- Faça disso uma prioridade. Arrume tempo para você, coloque-se antes do trabalho, das obrigações ou mesmo do relaxamento.
- Agende os exercícios físicos em uma hora do dia que esteja mais adequada a você. Caso não seja naturalmente uma pessoa matutina, correr logo cedo não funcionará para você.
- Corra em um lugar que seja mais conveniente. Esteira, trilha ou estrada, caso considere melhor, é mais difícil de tirar da sua agenda.
- Coloque uma cópia do seu programa de corrida na geladeira, ou mantenha-o com você no trabalho, e lembre-se das suas metas de exercícios para a semana.
- Siga exatamente os exercícios agendados e evite adicionar maior tempo ou intensidade, que, a longo prazo, pode ser prejudicial.
- Monitore a sua intensidade com sabedoria. Se você correr forçosamente ou ligeiro demais, será menos divertido e a motivação para correr novamente diminuirá. “Sem dor, sem resultado”, está ultrapassado. Troque-o por “menos é mais”.

10

Seu primeiro mês

Pérolas de sabedoria do Pinguim

Não é tarde demais para ser o que você gostaria de ser, se deseja aceitar que os seus pontos fortes e fracos serão tão inerentes ao seu sucesso quanto o seu entusiasmo.

Eu li em algum lugar que nunca é tarde demais para ter uma infância feliz. Que pensamento maravilhoso: Nunca é tarde demais!

Sejam quais forem os sonhos que você possa ter tido, eles podem ser trazidos de volta à vida pela simples crença. Você é capaz de descobrir que a esperança e a alegria da sua infância ainda estão lá.

Todavia, gentileza, bondade e paciência são tão importantes neste momento quanto a disciplina, tenacidade e determinação.

Eu não sei se é porque sou do sexo masculino, mas só fui realmente capaz de fazer mudanças de qualquer natureza em minha vida, ou manter qualquer tipo de entusiasmo por algo novo, não importa o que fosse, por no máximo 3 semanas. Naturalmente, eu ainda sou o cara com o controle remoto, tentando assistir dois shows ao mesmo tempo, e o cara que pode programar o rádio do carro para o modo "busca" e deixá-lo passeando pelo visor, procurando por uma música melhor.

No decorrer de minha vida, eu queria ser um bocado de coisas. E sempre por aproximadamente quase 3 semanas. Eu queria ser melhor jogando tênis, pescando, falando Espanhol, perdendo peso, ficando em forma, aprendendo a correr, andando de bicicleta, entre outras coisas, por mais ou menos 3 semanas.

Para muitos de nós, o problema é que nosso entusiasmo por quase tudo acaba após quase 3 semanas. Parece não ter importância o quanto estávamos entusiasmados, comprometidos ou dedicados inicialmente. O fato é que, em mais ou menos 3 semanas, ficamos desencorajados e à beira de desistir.

Mas acontece que isso não tem que ser dessa maneira.

Frequentemente sou questionado sobre o porquê de quando eu tinha 43 anos, e tão fora de forma, continuar daquela maneira. Por que não fiz antes o que faço hoje? Por que eu simplesmente não parei depois de 3 semanas? Você ficará surpreso com o que vou dizer, mas eu não sei responder.

Não que dessa vez tivesse sido mais fácil do que em qualquer outra. Não era como se eu, repentinamente, tivesse descoberto algum talento escondido. Não era nem mesmo que eu estivesse tendo essa diversão toda, sendo ativo. Mas, eu penso que, de certa forma, eu estava com medo de parar dessa vez, e nunca mais ter a coragem de tentar ficar em forma novamente.

De alguma maneira, talvez eu estivesse zangado, principalmente comigo. Chateado por ter me permitido acreditar que a gordura está onde deve estar, que fumar faz você parecer legal, e que beber e comer em excesso eram, de algum jeito, um privilégio que chegou com a minha idade.

Mas também, de certa maneira, eu estava com raiva das pessoas que me estimularam em todas essas concepções errôneas. Eu estava com raiva dos meus parceiros de bebida, dos que me ofereciam comida extra e com a mentira do que eu estava fazendo comigo.

Então peguei a raiva e a coloquei para trabalhar. Não tinha erro: quando se tratava de correr, eu tinha má reputação, – e isso não era pouco. Não era como se eu fosse meramente medíocre. Na verdade, eu morria de vergonha. Tanto que eu escondia o fato de estar correndo de pessoas que nem conhecia.

Quando ia correr até o final da rua, tentava me esconder dos carros. Se alguém passasse, eu fingia que estava caminhando para algum outro lugar, e não apenas caminhando para algum lugar.

Entretanto, em nossos grupos de treinamento, clínicas e e-mails, observamos que o que faz as pessoas pararem não é a falta de habilidade, mas suas expectativas. E, demasiadamente frequente, não são nem mesmo as suas próprias expectativas, mas um conjunto de expectativas que elas pegaram emprestado de alguma outra pessoa ou de alguém que as tenha dado.

É a tal síndrome do cunhado, como já vimos anteriormente. Parece que cada novo corredor tem um cunhado que é um corredor, ou, pior, que já foi um. Esse cara é quase sempre uma sobra de aspirante a subelite, que sabe tudo o que há para saber sobre correr, ou, preferivelmente, tudo o que se sabia sobre correr mais ou menos 20 anos atrás.

Se você tem um cunhado ou amigo, pai, mãe, cônjuge desse jeito, a primeira coisa que precisa fazer é, educadamente, dizer que, enquanto você fica grato por suas palavras de sabedoria, isso é algo que você vai descobrir por si. Se ele não escutar de primeira, seja paciente, porque logo ele irá ouvi-lo.

Você somente será bem-sucedido se estiver estabelecendo expectativas realistas para você, baseadas na unicidade de quem você foi, de quem você é ou quem quer ser. Você não pode e não deve tentar ser o que outra pessoa é ou era, ou quer que você seja. Você simplesmente não pode.

A única pessoa que pode, verdadeiramente, julgar e avaliar como você está é única e exclusivamente você. O seu progresso – rápido ou lento – é o seu progresso. O seu ritmo – rápido ou lento – é o seu ritmo. E ninguém pode tirar isso de você.

Como colunista da revista *Runner's World* desde 1996 tenho escrito bem mais que 100 colunas. Entre as mais populares é a intitulada "Trabalhando a pá", sobre minha experiência como operário das vias férreas Norfolk e Oriental. Resumidamente, nós estávamos movendo uma grande pilha de rochas, de onde elas estavam, para onde o contramestre queria que ficassem. Mover rocha com uma pazada por vez é um trabalho que acaba com a coluna vertebral. E essa pá consome rapidamente qualquer um.

O contramestre estava gritando e eu estava fazendo tudo o que podia para atender às suas expectativas, mas isso estava me matando. Depois, um dos veteranos da turma de trabalhadores veio até mim e disse as palavras que mudaram a minha vida naquele dia e em todos os dias desde então. Gentilmente, ele disse: "Filho, nenhum homem quebrará as suas costas tanto quanto trabalhar com a pá".

Simples, eloquente, brilhante! Não era o contramestre que estava me fazendo trabalhar tão arduamente, mas o meu medo sobre o que o contramestre iria pensar, fazer ou dizer.

Neste primeiro mês de corrida, fique alerta à tendência de viver as expectativas de alguma outra pessoa. Ache o programa de treinamento que é certo para você e atenha-se a ele. Não se deixe desistir apenas porque você pensa que não é bom o bastante.

Venho treinando milhares de corredores durante o seu primeiro mês de corrida e, apesar de todos nós sermos diferentes em muitos aspectos, na maioria dos casos aprendemos a correr do mesmo jeito. Aquelas poucas primeiras semanas são delineadas com paciência e humildade.

Praticar a paciência é a chave, porque correr não acontece da noite para o dia. Isso se desenvolve em uma corrida por vez. Humildade resulta em ser adulto e aprender uma nova artimanha. Evite se comparar a alguém que você conheça ou à pessoa ao seu lado. Compreenda que algumas pessoas começam com caminhada, outras com corrida e caminhada, mas todos acabam corredores em algum lugar ao longo do caminho.

O primeiro mês de sua carreira de corredor é uma questão de criar o hábito. Descubra a melhor maneira de espremer as corridas no seu ocupado estilo de vida. Leva-se 21 dias para criar um novo hábito. Agarre-se a isso por 3 semanas consecutivas, e prometo que isso se tornará natural. E, mais importante, parte do seu estilo de vida. Quando você atravessar a quarta semana, saberá que está bem em seu caminho. Qualquer um pode fazer qualquer coisa por 3 semanas. Mantenha isso além de 4 semanas e você criará um novo hábito.

Quando se monta uma espiral de dominós no chão, a chave é espaçá-los próximos uns aos outros o suficiente para quando um cair, esse bater no outro, e assim por diante, criando uma reação em cadeia. Correr funciona do mesmo jeito. Os exercícios de corrida precisam ser espaçados, próximos o suficiente, para você criar uma memória muscular e evitar ter que reaprender como correr a cada semana. Principiantes devem começar com dias alternados, para assegurar uma recuperação apropriada entre os exercícios. E, mesmo assim, ainda será frequente o suficiente para criar essa memória de corrida ou reação em cadeia.

Criar um estilo de vida de corrida acontece com o tempo, o que não parecerá fácil na primeira vez ou mesmo na 15ª vez. Mas, seu corpo se adaptará, você se tornará um corredor e irá estranhar quando não correr.

Repouse e se recupere

Você pode ter notado que o repouso é um componente dos seus horários de treinamento. Existem dois tipos de repouso: ativo e passivo. Repouso ativo é o *cross-training*: pedalar, nadar, fazer musculação, yoga, ou seja, atividades de baixo impacto que descansam os músculos de corrida.

O repouso passivo é justamente isso: passivo. O que não significa, necessariamente, alongado no sofá, mas com pouca ou nenhuma atividade. Dias de repouso são importantes, porque permitem que seu corpo se recupere e rejuvenesça dos dias de corrida e de *cross-training*. Pode acreditar: o corpo se fortalece no descanso.

Algumas vezes, dores aparecem no cenário, e essas são as bandeiras vermelhas. Elas são o jeito do seu corpo comunicar que algo está errado. Assegure-se de que está usando tênis de corrida apropriados. Correr com tênis velhos, não destinados à corrida, ou simplesmente que não calçam bem, podem – e irão – criar dores e, eventualmente, lesões.

Desenvolver dor no seu primeiro mês de treinamento também pode ser resultado de fazer exercícios demais e de maneira prematura. Correr arduamente é um grande fator. Acalme-se e certifique-se de que você está correndo em uma velocidade convencional. Correr distâncias longas demais também pode criar problemas. Dessa forma, comece com um programa conservador e o desenvolva aos poucos.

Respirando

Aprender a respirar é vital. Isso pode soar engraçado, mas a pergunta mais recorrente que me fazem pelo caminho é: "Treinadora Jenny, como eu respiro ao correr?" Embora a respiração no dia a dia seja automática, isso pode ficar complicado quando você corre, porque o seu corpo requer um volume maior de oxigênio para mover os músculos que estão trabalhando. Quanto mais rápido você corre, mais você precisa de oxigênio. Se você se encontrar lutando para respirar, com falta de ar, ou mesmo com dores laterais agudas, simplesmente relaxe. O erro número 1 que a maioria dos corredores comete em seu primeiro mês de corrida é sair rápido demais. Isso não funcionará e você vai acabar odiando a experiência.

Uma vez que tenha se acalmado, respirar passa a ser como dançar. Tente conciliar sua respiração com passos largos, ou toda vez que seu pé atingir o chão, para que a sua respiração se torne rítmica, com marcações, e mais eficiente. Em uma corrida de ritmo fácil, você talvez inspire e expire a cada três ou quatro pisadas. Se você está correndo mais rápido, a marcação aumenta e se torna um-dois, um-dois, um-dois. Tente esse teste na sua próxima corrida. Você deve estar respirando em uma marcação de três ou quatro passos largos. Se estiver respirando mais rápido que isso, é sinal de que está correndo rápido demais. Diminua a velocidade e acerte a marcação correta. Suas corridas serão mais proveitosas e seu corpo progredirá mais rapidamente.

Lembre-se: inspire e expire pela boca. Correr requer esforço e exige bastante oxigênio, para que possam chegar até os músculos. A maneira mais fácil de inspirar é por meio do canal mais largo. Portanto, tentar respirar pelo nariz é como respirar por um canudo.

Depois dos primeiros meses, você pode querer "abandonar o barco", por assim dizer. Se você perder algum treino, volte 1 semana ou 2 ao programa de treinamento e o reconstrua. Se perdeu mais de 3 semanas, comece do início. Se você seguir isso, será bem-sucedido. Mesmo para mim, no início, por 4 vezes tive que repetir, até conseguir o efeito correto. Não olhe para trás ou se preocupe com o que você não fez, mas mantenha o foco no que pode fazer adiante.

Nunca subestime o poder de um grupo. Eu aprendi com um grupo o que eu não poderia aprender como uma jovem garota tentando correr até o final do quarteirão. A responsabilidade, o apoio, os aspectos sociais trabalham em uníssono para formar um corredor. Eu observo isso em todas as temporadas, quando treino corredores iniciantes e caminhantes em nosso programa para corrida na minha empresa, Chicago Endurance Sports. Fundei essa empresa com o meu amigo Mike Norman, a partir de uma paixão por ensinar as pessoas a correr, e pela experiência pessoal de não saber como fazer isso sozinha. Portanto, participe de um grupo local, que você poderá encontrar nas academias ou corporações de sua cidade. Você fará novos amigos quando compartilhar a sua alegria em correr.

Registrar seu progresso em um diário também é uma ótima maneira de se automotivar. Isso pode não parecer interessante no início, mas, pode acreditar: quando você atingir 4 semanas, começar a ver as mudanças e se sentir apto a correr mais longe, será fabuloso olhar para trás e ver o quanto você progrediu. Há diários online e *logbooks** que você pode usar. Anote a sua distância de corrida, o tempo, a temperatura, o tênis e o humor. Um registro pode também ajudar se você começar a sentir dores, porque será possível revisar as corridas e ver onde

* Software para registro diário de atividades realizadas. (N.E.)

você pode ter forçado, ou se é o caso de somente trocar de tênis. Desse modo, sua própria história será uma grande motivação para o seu futuro.

Você saberá que está se tornando um corredor quando começar a dizer coisas como: Eu tenho que correr somente 30 minutos por dia. Ou quando você dirige o percurso que acabou de correr, para ver o quanto foi longe. Você saberá que seu corpo está se adaptando quando a corrida parecer mais fácil ou quando você correr um pouco mais longe. Porém, o mais importante é que você irá descobrir que está se tornando um corredor quando ficar irritado se não puder correr.

O seu primeiro mês de corrida será cheio de desafios. Mas, como qualquer outra atividade, semana a semana, seu corpo se adaptará e sua mente fará as pazes com o seu corredor interno.

Lembre-se de que nos primeiros 30 dias você criará um novo hábito. Seja paciente, siga o programa de treinamento e busque os sinais.

Dicas e truques da treinadora Jenny

- Corra como um Pinguim. A corrida recompensa os pacientes e repreende os excessivamente entusiastas.
- Seja voluntário em uma competição local. Você verá rapidamente os vários formatos, tamanhos e velocidades no percurso. A maioria de nós irá correr para se divertir e ganhar uma camiseta. Mas será uma boa ideia se você decidir correr uma competição!
- Evite correr demais ou muito frequentemente no primeiro mês. Os riscos de lesões serão astronômicos e o fator diversão cairá. Os programas de treinamento são desenvolvidos para progredir gradualmente, e permitir que o seu corpo se adapte e fique mais forte.
- Ouça seu corpo. Dores são formas de o seu corpo alertar você sobre algo que está errado. Tire uns poucos dias de folga para se curar, e, na maioria dos casos, a dor desaparecerá.
- Faça o teste da conversa. Você deve ser capaz de falar sem ficar ofegante ou sentindo falta de ar. Se você não puder, então diminua o ritmo.
- Você deve se sentir estimulado quando corre e quando pensa que está indo muito bem, como se você pudesse continuar alguns minutos a mais.
- Pratique a paciência. A paciência e tenacidade são peças-chave para se ter na caixa de ferramentas no primeiro mês de corrida. Roma não foi construída em um dia e você não se tornará um corredor da noite para o dia. Desenvolva a tenacidade para se ater a isso, semana a semana.
- Se você pega o ritmo, foque em expirar enquanto o pé, no outro lado, acerta o chão. Assim, se você tem um ponto a desvendar no seu lado direito, expire à medida em que seu pé esquerdo atinge o chão. Diminua o seu ritmo e a dor desaparecerá.

11 Seu primeiro ano

Pérolas de sabedoria do Pinguim

A corrida é mais eficientemente desfrutada com a imprecisão da arte. Quando feita com o coração de um artista, a corrida se torna uma expressão pessoal.

Para alguns corredores iniciantes, a lição mais difícil de aprender é que as lições mais difíceis são as que você tem que aprender por si.

Não há verdades absolutas na corrida. Não há inescapáveis certos ou errados. Não há nenhuma técnica que seja universalmente correta.

Há somente a constante busca pessoal por um caminho próprio, suas próprias respostas e sua própria definição de sucesso.

O PRIMEIRO ANO DE JOHN

O primeiro ano é um período estimulante para quase todos os atletas novatos. Se você realmente começou fora de forma como eu, o progresso simplesmente parece que nunca terminará.

Na primeira vez, tentei correr-caminhar por 2 km, o qual o fiz em aproximadamente 30 minutos. Portanto, você pode imaginar como me senti bem quando cheguei aos 25 minutos, e depois dos 20, 15, 12, e assim em diante. Na verdade, a primeiríssima vez que corri 2 km em menos de 10 minutos, saí e comprei um par de tênis de corrida planos, como os que os atletas de elite usam. Eu entendia que tinha feito tudo o que podia fazer e que o restante viria do melhor equipamento.

Logicamente, isso não funcionou. Eu tinha tênis rápidos, mas pés lentos. A verdade é que eu estava com a aparência realmente legal e veloz, até o ponto de falarem: "Vai!" Mas depois restava o mesmo cara velho e lento, em um novo tênis de corrida da moda.

Eu também pensei naquele primeiro ano em que eu iria, de alguma maneira, chegar ao ponto onde eu poderia ser competitivo na minha faixa etária. Eu tinha aproximadamente 44 anos de idade e estava apenas competindo contra outros de 40 a 44 anos, que eu deduzi estarem começando com a mesma má forma que eu. Portanto, eu tinha certeza que os alcançaria, mas não os alcancei.

Não por deixar de tentar, porque eu li tudo o que pude sobre se tornar mais veloz. Eu fazia intervalos na trilha, alternava exercícios de muito e pouco esforço nas ruas, fazendo tudo que fosse imaginável para me tornar mais rápido – e consegui um pouco.

Durante o meu primeiro ano de corrida, consegui ser verdadeiramente terrível, até meramente medíocre. De fato, medíocre é, provavelmente, uma redundância. Em algumas corridas, por exemplo, havia horas em que eu me aproximei da mediocridade, mas não podia fazê-lo de forma regular.

A toda hora ouvimos pessoas dizerem que estão tendo dificuldade de se manter motivadas. Isso é um problema real, especialmente se você sonhou em chegar a um ponto da corrida e percebeu que nunca chegaria lá.

O que você faz? Eu fiz uma lista de coisas que eu não podia fazer ou não havia feito, mas queria fazer. Foram as competições, distâncias e eventos que, de alguma maneira, provocaram mais a minha curiosidade do que qualquer outra coisa. Eu não tinha certeza de como iria fazer tudo aquilo, mas, indubitavelmente, iria tentar.

Eu nunca tinha participado de uma corrida de 10 km, portanto, essa seria a minha primeira maior meta. Dez quilômetros é um longo caminho para percorrer, se você nunca fez isso antes, ou mesmo se já tenha feito. Mas eu sabia que 10 km era uma distância razoável e por isso quis participar.

Eu não tinha certeza do que estava fazendo, mas entendi que tinha que, ao menos, começar a aumentar a distância das minhas corridas. Assim, em vez de sair para a minha corrida normal de 5 km, simplesmente dupliquei-a e comecei a, toda vez, correr 10 km. No entanto, levou 1 semana para esse plano se desfazer.

Depois percebi que, talvez, se eu aumentasse para 10 km apenas uma corrida por semana, isso faria a diferença. E fez. Então decidi me inscrever em uma corrida e completei a minha primeira participação em 10 km.

Por razões que, até hoje, ainda não estão claras para mim, decidi que a minha próxima meta devia ser correr uma maratona. Novamente, eu não sabia o que estava fazendo, mas, no mínimo, eu sabia que não podia correr 42 km sempre.

O que descobri foi que os maratonistas tinham de aprender a correr, mesmo que suas pernas estivessem cansadas. E como eu não podia correr por mais de 3 horas, tive outra ideia e decidi que iria pedalar até a exaustão, antes de começar as minhas longas corridas.

Depois de, literalmente, mancar por aproximadamente 1 mês, tirei 1 semana de folga, posicionei-me na linha de largada da maratona e corri até quase exatamente 1 quilômetro, antes de meu joelho se desgastar por completo. Eu manquei juntamente com a motocicleta policial até o quilômetro 10 e depois abandonei a prova.

Mas, acredite ou não, eu não estava desencorajado. Embora meu fracasso fosse real, fracassei em um evento monumentalmente da moda, algo absolutamente escandaloso, que, de qualquer maneira, fracassar não teve importância.

Então decidi que deveria tentar o triatlo, e assim comprei uma sunga e me dirigi para a piscina. Eu não vou incomodá-lo com os detalhes, mas é suficiente dizer que um cara que perdeu 36 kg não deveria nunca, jamais, vestir uma sunga. Mas, se ele o faz, de qualquer modo, nunca deve ir para uma área pública.

No entanto, de alguma maneira consegui sobreviver àquele primeiro triatlo. Não tão bem como eu gostaria, porque me vi completamente morto, embora, novamente, isso não tivesse importância, pelo fato de eu estar conseguindo, mesmo que de maneira mínima.

Depois de tudo isso, finalmente chegou o sonho de uma vida inteira. Eu iria arriscar um meio Ironman, uma modalidade de triatlo de longas distâncias, compreendendo aproximadamente 2 km de natação, 90 km de ciclismo e 21 km de corrida. Estou convecido de que, naquela época, eu não tinha a menor ideia do que estava fazendo, mas dei conta de fazer o treinamento, ir para a linha de partida e terminar a tarefa. E, embora tivesse sido um fiasco, eu completei a competição.

Ao final daquele evento, quando viajei de volta para casa, escrevi o que se tornaria a primeira "Crônica do Pinguim" e que foi publicada na revista *Runner's World*, em maio de 1996.

Eu comecei a rascunhar essa matéria sobre o banco traseiro de uma minivan, em algum lugar, em uma rodovia interestadual, na Geórgia, e as palavras que se tornaram um mantra para uma geração de corredores saiu das minhas mãos. Refletindo sobre aquele meio Ironman, eu escrevi: "O milagre não foi ter terminado. O milagre foi ter tido a coragem de começar".

E esse pensamento tem me guiado desde então. Sinto-me motivado, não tanto pelo que posso fazer e tenho feito, mas pelo que não tenho certeza de que posso fazer e não fiz. Nos anos seguintes, isso me deu uma razão para aceitar cada desafio que eu pudesse imaginar.

O que o motiva pode ser diferente, mas, seja lá o que for, você encontrará, se continuar procurando. E irá descobrir que correr é apenas o começo de uma vida inteiramente nova.

O PRIMEIRO ANO DE JENNY

Eu sabia como correr quando era jovem. Nós todos sabemos. Mas quando tentei novamente, já adulta, eu estava com um corpo rechonchudo e não corria mais como antigamente. Eu simplesmente não conseguia entender como parecia ser tão fácil na minha juventude. Portanto, a minha estratégia de correr tão arduamente quanto eu podia até o final do quarteirão não estava funcionando – e quase sempre eu terminava em lágrimas – sem querer tentar novamente, durante meses.

A chave para o meu sucesso foi encontrar um grupo para correr, com uma conexão social. Foi uma maneira de aprender com os outros e, o mais importante, um jeito de encontrar um ritmo que não me fizesse sentir como se eu estivesse sofrendo um ataque cardíaco.

O meu primeiro dia de corrida foi divertido, desafiador, estimulante e misterioso. Eu corri a minha primeira competição de 5 km, em Milwaukee, e fui ultrapassada por um homem de 72 anos de idade no final. Como se isso não bastasse, os organizadores anunciaram isso no sistema de som!

No entanto, não me preocupei, porque atravessei a linha de chegada, o que me fez sentir uma vencedora. Você também se sentirá assim, quando fizer a sua primeira corrida de treinamento. Isso pode levar 6 meses ou não ocorrer até você cruzar o final em sua primeira competição, mas não importa. Em algum momento do seu primeiro ano, você fará essa transformação e se tornará um corredor.

Em seu primeiro ano de corrida, você verá incríveis melhoras, especialmente se for como eu, que não era capaz de correr até o final do quarteirão. O seu coração ficará mais forte e bombeará mais sangue por batida, da mesma forma que seu batimento cardíaco de descanso provavelmente irá despencar. Os músculos, tendões e articulações ficarão mais firmes e aptos para aguentar os impactos da corrida. Você correrá mais longe, mais rápido e verá mais possibilidades em sua rota.

As suas corridas ficarão mais fáceis e você provavelmente dirá: eu só corri 5 km hoje e ainda tenho que sair para uma corrida. Definitivamente, a partir daí, você só vai querer falar sobre a sua corrida. Neste primeiro ano, correr se tornará parte de quem você é.

Por outro lado, com o tempo, a sua motivação poderá declinar. Portanto, estabeleça uma meta específica, corra 5 km em 30 minutos, participe de sua primeira competição, ou aumente a distância. Ter uma meta atingível manterá sua motivação em alta e as suas corridas estáveis.

Não há nada mais instigante do que ter o estímulo de um grupo de corredores esperando por você. Se você deixar de participar de uma corrida, pode estar certo que eles vão querer saber o que aconteceu. Encontre um companheiro de corrida, compartilhe suas histórias e percorra os quilômetros com esse amigo. Eu chamo isso de corridas terapêuticas. Minha amiga e eu percorremos todo um trajeto de longa distância em questão de quilômetros. Nunca nos falta assunto para conversar. Isso me faz levantar e sair da cama logo cedo.

Você pode perder algumas corridas aqui e ali, porque algumas vezes a vida se coloca no caminho. Doença, trabalho e família podem atrapalhar um pouco a sua vida de corredor. Se isso acontecer, o plano A é encurtar a corrida e cumprir o que você puder. Nós chamamos isso de "Corrida melhor que nada". É melhor correr por 25 minutos do que não correr.

Se você ficar doente, tome o tempo que precisa para se curar e recuperar. Na maioria dos casos, é saudável correr se a doença está acima do seu pescoço. Se ela descer até o seu peito, descanse, porque não vale a pena arriscar. Tirar 10 ou mais dias de folga da corrida não é divertido, mas isso não significa que você tenha que começar tudo de novo. Recomece com 20 a 30 minutos de corridas leves. Se isso funcionar bem, corra 3 ou 4 corridas leves de 30 minutos, e depois reconstrua gradualmente até onde você estava. Isso fará com que seu corpo dobre a quantidade de tempo que você tirou de folga. Se perder 7 dias, dê a si 2 semanas de corrida leve para voltar a ficar em dia.

Correr durante as várias estações do ano tem um segredo: para correr no calor, por exemplo, você deve permitir ao seu corpo 7 a 10 dias, até que ele se acostume com o clima mais quente. É impressionante como o nosso corpo se adapta. Eu participei de uma corrida de aventura com um amigo no Vale da Morte, ao norte do Deserto de Mojave,* nos Estados Unidos, em meados de julho, quando fazia 57ºC! Nós corremos 217 km cortando o deserto e subindo uma montanha. Apesar de não ser a empreitada mais saudável, você pode ver que, mesmo em condições tão extremas, o nosso corpo se adapta.

Nesse caso, seu corpo fará um trabalho extra arduamente, para manter você refrescado durante a primeira semana, até que possa se adaptar às temperaturas mais quentes. Corra nas horas mais frescas do dia, use protetor solar, óculos de sol e roupas folgadas de cores leves, e mantenha-se hidratado. Caso seja um dia insuportavelmente quente, corra em local coberto, como em uma esteira. Se mesmo assim você for correr ao ar livre, adicione intervalos de caminhada rápida para baixar a sua temperatura. Se você correr-caminhar, adicione outro minuto para as suas porções de caminhada. Isso funciona como um incentivo e você continuará a correr no calor. Uma vez que seu corpo tenha se aclimatado, você poderá retomar o treinamento regular, na maioria dos dias de verão.

Correr no inverno também é um pouco difícil, mas é possível. Na verdade, é a minha estação favorita para correr. Na maior parte dos casos, o tempo fica muito frio, mas não glacial, com aquelas tempestades de inverno todos os dias. A não ser que você esteja no norte do Alasca ou da Antártica, correr ao ar livre no inverno pode ser muito prazeroso. Eu já corri a Maratona da Antártica há alguns anos, quando os ventos eram de 64 km por hora e a temperatura do vento era bem abaixo de zero. Às vezes havia 2 metros de neve para escalar e fui bem-sucedida, embora tenha sido bastante difícil. As minhas pernas nunca se aqueciam, mesmo que eu usasse muitas camadas de roupa.

Para o seu conhecimento, a temperatura do corpo aumenta quando você corre e adiciona em média 15 a 20 graus à temperatura ambiente. Pense nisso

---

* Corrida de longa distância realizada em condições extremas de temperatura, que por si só já demanda um esforço extra. Portanto, espere mais tempo para a primeira participação. (N.R.T.)

quando for se vestir para correr. Em um dia de 2ºC, por exemplo, para um corredor, dá a sensação de que, na verdade, está fazendo 10ºC. Portanto, vista-se em camadas, com dispositivos técnicos de corrida, como descrito no capítulo 16, e assim, se você se vestir demais, poderá tirar alguma parte da vestimenta.

Se a temperatura cair para menos de 12ºC, eu, particularmente, corro em lugar fechado. É preferível praticar exercício com melhor qualidade e reduzir o risco de lesão por correr com os músculos frios. Evite correr em estradas e trajetos cobertos de gelo, porque essa é uma maneira fácil de se machucar. Estradas cobertas de neve proporcionam melhor tração, mas, correr na neve e no gelo encurta e diminui a velocidade de seus passos. Além disso, ajuda se você utilizar um solado especial ou o tênis, como os de futebol. Similar a correntes em pneus de carro, esse solado dará maior tração na neve. É uma boa ideia correr com um amigo, quando a saída talvez seja arriscada, mas, para isso, certifique-se de usar cores vivas e dispositivos refletivos em dias curtos e escuros.

Mantenha um diário! É um ótimo recurso para registrar a história da sua carreira de corredor, além de você poder observar seu progresso desabrochar bem diante de seus olhos. Isso também é útil para avaliar onde você precisa melhorar ou se fez uma opção errada no treinamento. De qualquer maneira, é divertido olhar para trás e ver a que distância você caminhou.

Você correrá ao longo deste primeiro ano, justamente como a vida: por altos e baixos. Algumas corridas parecerão fáceis e outras nem tanto. Os dias difíceis lhe deixarão mais humilde e os fáceis lhe trarão de volta para o topo. Se você se encontrar no meio de uma corrida difícil, que simplesmente pareça um arremesso, por favor, reduza a velocidade. Isso pode ser um sinal de que seu corpo está precisando de mais tempo para dormir, desligar-se do trabalho ou curar-se de uma doença, como fadiga crônica. É melhor diminuir algumas notas de intensidade de seus exercícios e completar uma corrida leve, do que aguentar firme até o final e terminar se sentindo pior do que nunca.

Corro há mais de 18 anos, e ainda pratico corridas árduas. Mas isso faz parte da vida de um corredor. Todos os corredores têm dias difíceis e fáceis. E, só porque os corredores velozes aparentam estar tão bem, não significa que eles não precisem se esforçar. Muito provavelmente eles também passam por situações difíceis. Isso é parte do que faz da corrida algo tão recompensador. Se correr fosse fácil, todo mundo estaria correndo. Se quiser saber, na verdade, as corridas difíceis constroem o caráter.

Dicas e truques da treinadora Jenny

- Considere os sinais de progresso: ir mais longe, chegar mais rápido e considerar-se um corredor.
- Logo no primeiro ano, estabeleça metas específicas. Isso dará ao seu treinamento um propósito e o manterá no trilho.
- Quando você realizar uma meta, estabeleça outra.
- Participe de um clube de corrida ou encontre um parceiro de corrida. Os compromissos o motivarão, nos dias em que você não sentir vontade de correr.
- Entenda que correr é desafiador para todo mundo. Mas se você iniciar com um programa constante e tiver paciência, ficara mais fácil.
- Tenha a certeza de estar hidratado. Isso é muito importante, correndo no frio ou no calor.
- Olhe para trás, veja o que já alcançou neste ano e celebre o seu sucesso.

12

O próximo passo

Pérolas de sabedoria do Pinguim

Se a sua corrida perdeu um tanto da sua magia, talvez seja a hora de olhar para onde você se encontra em seu próprio ciclo de vida. Você pode descobrir que, algumas vezes, mover-se para frente significa dar um passo para trás.

Nas primeiras semanas e meses de corrida, o progresso é rápido e linear. E quanto pior for a sua forma física, quando você começa, mais evidentes parecem ser os ganhos iniciais.

Em algum ponto, o progresso tende a diminuir, afilando-se. Não é todo dia que uma nova distância ou ritmo fabuloso acontece. Há dias em que a alegria não está lá, não importa o quanto duramente busquemos por ela.

Somente quando chegamos a aceitar que correr, assim como a vida, é um ciclo de altos e baixos, em constante mudança, é que podemos encontrar a plenitude do contentamento em correr.

Os próximos passos de John

Uma vez que você tenha feito o impossível, o que mais fazer? O que ainda há para fazer, quando se acredita ter feito tudo o que se imaginou? O que fazer quando você acredita ter superado os seus sonhos mais fantásticos?

Claro! Você faz mais.

Lembra-se daquela primeira semana de corrida? Naquele momento, provavelmente, você não podia imaginar correr 1 minuto ou quilômetro. E nem podia imaginar ter paciência e tenacidade, ou que você se tornaria um verdadeiro corredor. No entanto, aqui está você. E agora?

Para mim, foi aí que a diversão realmente começou. Uma vez satisfeitos todos os sonhos antigos, todos os velhos dragões, e superados todos os velhos demônios, eu estava livre para me tornar o corredor e atleta que eu queria ser.

E então, livre de precisar provar algo para mim ou para alguma outra pessoa, e sem obrigações, eu pude encontrar razões muito melhores para correr. Depois de ter feito tudo o que pensei poder fazer, percebi que estava pronto para fazer muito mais.

Quase que da noite para o dia, tudo a respeito da minha corrida ficou melhor. Eu a aproveitei mais, pratiquei mais e ansiei mais por ela. Descobri que podia ser um corredor – mesmo quando não estava correndo – e aprendi a maneira certa de ser um atleta, pensar, sentir e viver como um atleta. E eu não tinha mais que vencer a mim para fazer isso.

Descobri que eu estava escolhendo competições nas quais queria correr, somente por querer correr. E me encontrei retornando às competições que tinha participado anteriormente, para poder correr mais uma vez, com uma nova atitude. Busquei pessoas e lugares para correr, só porque era divertido, e me vi com o desejo de enfrentar novos desafios, destemidamente. Não sem medo, mas com menos medo. Eu não me deixava paralisar mais pelo medo, mesmo que não corresse cegamente atrás de cada nova experiência.

O que você faz quando seu próximo passo depende completamente de você? Eu não tenho como descrever algumas coisas que tentei, mas sei que você também desejará tentar. Vamos lá?

Caminhar: Talvez isso não pareça grande coisa, mas, para um ex-fumante, beberrão e comilão como eu fui, a ideia de encarar uma caminhada de um dia somente com o que era possível carregar nas costas, era bastante ameaçadora. Nos velhos tempos, eu nunca teria feito isso, porque não teria sido capaz de carregar toda a cerveja que eu precisava.

Mas, de repente, eu me vi subindo ao longo da Costa Na Pali, no Havaí, usando um engraçado tênis de borracha natural, carregando uma mochila de competição de aventura gigante e escalando em volta de rochas, raízes, ficando molhado e morrendo de rir. Era como voltar a ser criança de novo.

E me deparei subindo o Monte Baker, nos arredores de Bellingham, Washington. Antes, qualquer coisa que começasse com monte, seria o suficiente para me fazer dar meia-volta e retornar para casa. Mas, novamente, eu tinha tênis engraçados, uma mochila com garrafa de água e calças que viravam shorts. Eu também tinha um relógio que me informava a altitude. Eu estava em êxtase. Eu estava explorando o mundo, do mesmo jeito que explorei a minha vizinhança quando era apenas uma criança.

Caminhar na neve: É um pouco similar à caminhada, exceto por ser bastante frio e você terminar coberto de neve. Mas lá estava eu no Lago Louise, em Banff, no Canadá, no meio do inverno, com a alta temperatura de quase 9ºC abaixo de zero, na neve, com vista do Beehive. Justamente eu, um cara que costumava manter um aquecedor no carro para não sentir frio, caminhava na neve e achava estupendo!

Caiaque e canoagem: Remando ao longo da Baía Ressurreição, em Seward, no Alasca, vi uma águia careca – que até então tinha visto apenas em cativeiro – e chorei. A águia estava em plena natureza, assim como eu, experimentando um momento tão humano que me deixava entorpecido.

Mais tarde, de costas, remei uma canoa, pelas correntezas do Rio Baía Novo, na Virginia. Meu parceiro de remo e eu não conseguíamos descobrir como manter a canoa se movimentando para frente, então atravessamos cada onda de água branca para trás, e eu fiquei em êxtase.

Pedalar na montanha: Quando eu era criança, costumávamos andar de bicicleta ao longo do caminho do Rio Des Plaines. Nós não sabíamos que isso era uma trilha de mountain bike e provavelmente não o era naqueles tempos. Nós apenas pensávamos que era legal e valia a pena pedalar por entre as árvores. Eu encontrei a mesma alegria pedalando ao longo de um passeio nos arredores do Parque da Cidade, em Utah, ao longo de um atalho isolado no deserto perto de Bingham, Novo México, e no lindo cenário próximo ao Parque Nacional de Yellowstone.

Mas isso não precisa ser exótico. Apenas pisar por aí nas trilhas perto de casa é o suficiente para por um enorme sorriso em meu rosto.

Pedalar na estrada: Essa é realmente uma virada de onde todo esse período da minha vida começou. De cara, eu era pesado demais para correr, e então comecei pedalando. Quando descobri o quanto gostava de corrida, pedalar devagar saiu de cena. Mas, uma vez livre das minhas próprias limitações, eu estava de volta às ruas. Agora, ao menos, alguns dos sonhos que possuo têm a ver com longos passeios de bicicleta.

Corrida de aventura: Isso foi mais um privilégio para a minha curiosidade do que qualquer outra coisa. Jenny é uma competidora de aventura de categoria mundial e participou das mais árduas de todas as competições, os chamados Eco-Challenges. Eu não estava pensando em nada assim, mas participei de uma competição de 24 horas e outra de 2 dias. Corri, caminhei, naveguei, remei e, basicamente, tive o melhor momento da minha vida.

O segredo de tudo isso? Eu não sou bom em nada disso! Apenas me diverti e é isso o que importa. E você também pode.

Os próximos passos de Jenny

Meu caminho e o de John foram diferentes. Ele competiu no auge de sua diversão no mundo da música e queria que a sua vida de corredor fosse nada além do que a alegria da jornada. Por outro lado, eu queria correr mais longe, mais rápido e ver qual a maior distância poderia alcançar. Finalmente eu tinha descoberto como correr e, no processo, como instigar meu lado competitivo.

Meu primeiro ano de corrida foi um dos melhores momentos da minha vida, porque aprendi a correr regularmente e ir mais distante, veloz, além de perder um pouco de peso. Eu treinei para correr os 5 e 10 km, a meia-maratona e uma maratona completa. Mais importante, desenvolvi a autoconfiança, que nunca esteve comigo antes.

A corrida mudou a minha vida e me fez sentir bem comigo. Eu fiz novos e saudáveis amigos, viajei para competições e corri cidades inteiras. Nas minhas horas de competição expulsei os medos que conservavam os meus sonhos dormentes e me senti novamente como uma criança. Corri, pulei, cacei rãs e despertei a aventureira dentro de mim, para ver até onde eu podia ir.

O último nível para um corredor é a Maratona de Boston, pois você tem que se qualificar para poder participar. É baseada em idade e sexo, e é um desafio extremamente difícil. Mas lá estava eu, alguém que nunca pensou poder correr até o final do quarteirão, e daquela vez pensando em Boston. Eu poderia fazer isso? O mero desafio do impossível era o que me motivava. Isso também foi o que abasteceu o próximo ano da minha vida. Foram duas maratonas e muitos meses de treinamento, mas fui bem-sucedida na classificação e corri a Maratona de Boston. Ainda hoje, mal posso acreditar.

Eu tenho ótimas conversas com meus companheiros durante as corridas e, especialmente, uma delas, com minha amiga Shelly, me impulsionou para o passeio mais aventureiro da minha vida.

A Shelly mencionou que ela estava participando de uma corrida de aventura com dois de seus amigos. Eu nunca tinha ouvido falar dessa modalidade de aventura, mas fiquei intrigada. Ela me explicou que você tem que navegar com uma bússola e um mapa, enquanto pedala nas montanhas, navega de caiaque, corre, caminha e fica realmente imundo. Além disso, a competição começa à meia-noite! Ela tinha a bússola, a sujeira e a escuridão completa. Isso soa como o esporte perfeito para uma garota que cresceu brincando com rãs e explorando a pedreira atrás de sua casa. Inscreva-me!

A minha primeira competição de aventura se chamava Pathfinder Challenge. Ele aconteceu no sudoeste de Wisconsin e durou, aproximadamente, 8 horas. Nós começamos em um lago à meia-noite, em barcos infláveis, durante um temporal. No momento em que alcançamos terra firme, eu já estava viciada no esporte. A equipe tinha esperança de terminar bem colocada, mas acabou vencendo a competição. Os próximos 7 anos da minha vida foram completamente voltados para a corrida e a competição de aventura.

Na época, corridas de aventura não eram muito populares. Havia somente um punhado de competições no mundo: o Pathfinder Challenge, algumas poucas competições pequenas na Califórnia e o Eco-Challenge, bem desafiador. Imagino que você deve saber o que vem depois: Claro! Nós vencemos uma competição de 8 horas! E tínhamos que nos inscrever para competir o Eco-Challenge!

O Eco é divulgado como a competição de resistência mais árdua do mundo. Oitenta equipes mistas de todas as partes do mundo competem durante as 24 horas do dia, em um austero percurso de mais de 480 km, que inclui trekking, corrida, canoagem, montaria, caiaquismo, ciclismo na montanha, mergulho e alpinismo.

Nós fomos selecionados para participar do Borneo Eco-Challenge, uma competição na selva, na Malásia. Nos 16 meses seguintes da minha vida eu comi, dormi e respirei Eco-Challenge.

Não existem garantias para terminar um Eco-Challenge. Na verdade, é comum para 80% das equipes desistirem na primeira metade da competição. Embora tivéssemos gasto a maior parte de 1 ano e meio em treinamento e preparação, a equipe Synterra teve que desistir com 8 dias de corrida. Um colega de equipe ficou doente e o outro estava com uma infecção bacteriana, transmitida pela água.

Pouco tempo depois de ter retornado, recebi uma ligação de uma equipe da Califórnia, que competiria a próxima prova na Nova Zelândia. Eles precisavam de uma mulher experiente e eu estava na lista. Fiquei muito ansiosa para ir, porque tinha que acertar as contas com o Eco-Challenge.

Eu treinei, me preparei e fiquei pronta para partir novamente. Depois de mais de 7 dias ininterruptos de competição, a equipe Block alcançou a linha de chegada.

Eu participei de outro Eco-Challenge em Fiji e competi sozinha, em eventos e orientação de eventos. Competi até ter cumprido cada meta que estabeleci para mim.

Competição de aventura me deu uma vida rica em lições e um verdadeiro doutorado. Descobri que eu tinha força, revelei as minhas fraquezas e encarei os meus medos. Aprendi a confiar e ser digna de confiança, o suficiente para aprender. A jornada revelou a essência de quem sou e o que posso fazer em minha vida – um presente pelo qual serei sempre grata.

Essa é a razão de eu não rir quando alguém me pergunta: Posso realmente fazer isso? Posso correr? Posso competir em uma corrida? Posso completar uma maratona?

Eu sei que você pode. Se uma garota que outrora não conseguia correr até o final do quarteirão sem chorar foi capaz de fazê-lo, você também será.

A corrida pode ser o alicerce para sua próxima aventura. Quando você estiver em forma, explore o mundo. Veja, toque, ouça, sinta o cheiro das montanhas e vá para mais longe, mais alto ou mais rápido. Tudo começa com a coragem de dar aquele primeiríssimo passo, e ter a paciência e a tenacidade de se manter firme. Estabeleça uma meta para si e veja perfeitamente o quanto é capaz de se distanciar.

Dicas e truques da treinadora Jenny

- Jamais diga nunca. Você não pode saber o que está logo depois da próxima esquina.
- Determine uma meta exatamente além do seu alcance. Desafie a si para ir mais longe do que os seus limites perceptíveis.
- Faça experiências com o seu condicionamento físico. Tente uma nova atividade. Isso vai apimentar o seu regime de corrida, fazer com que use músculos diferentes e, talvez, ainda lhe ensine algo novo!
- Não tenha medo de falhar. Algumas das maiores lições foram aprendidas com erros. Fracassar não é o fim, mas o ponto de partida para aprender a melhorar.

SEÇÃO IV

Tornando-se um corredor melhor

13

Flexibilidade e prevenção de lesões

Pérolas de sabedoria do Pinguim

A verdade não se revelou a mim na primeira vez em que me machuquei. Mas, à medida que as semanas de recuperação deram lugar às de treinamento, comecei a entender que todas as corridas são um presente.

Eu fui criado na geração de John Wayne.* Nós éramos rudes, fortes e não aceitávamos nada de ninguém. Levávamos um tiro e continuávamos andando. Feríamo-nos e ainda estávamos no jogo.

Nós éramos idiotas.

O corpo é uma máquina maravilhosa que pode se adaptar, mudar e crescer. Aprenda a entrar no ritmo do seu corpo. É a única ferramenta que você tem para atingir os seus sonhos.

Em sua essência, a corrida é uma dos mais primitivos movimentos humanos. Certamente é exigente, mas é um movimento natural. Você pode correr praticamente em qualquer lugar e a qualquer hora. Você não precisa de um monte de equipamentos, porque fomos feitos para correr.

Mas, como a maioria das coisas na vida, o risco para dores e ferimentos eventualmente aumentam, se você fizer muito esforço antes de estar preparado,

* Ator norte-americano conhecido por interpretar caubóis em filmes das décadas de 1930 a 1970. (N.R.)

ou se exagera. Algumas pessoas podem correr como Forrest Gump o tempo todo e todos os dias. A maioria dos mortais precisa de dias de descanso, *cross-training*, exercícios de fortalecimento e treinamento de flexibilidade para correr de forma bem-sucedida. Um programa de corrida bem-estruturado irá, quase sempre, assegurar um baixo risco de ferimentos. Os músculos posteriores da coxa, flexores do quadril, tendão iliotibial, piriforme e da panturrilha, do peito e pescoço, são suscetíveis a se tornarem inflexíveis e tensos, fazendo o corredor vulnerável para desenvolver lesões. O não balanceamento de peso em músculos opostos, tênis de tamanhos inadequados, superfícies de corrida não seguras e aumentos drásticos na quilometragem ou velocidade podem arruinar a carreira de um corredor. A boa notícia é que você está lendo este capítulo e aprenderá como prevenir lesões que manteriam você longe das trilhas de corrida.

Pense em uma dobradiça de porta. Ela tem dois pontos-âncora e está presa à porta e à parede. Quando se trabalha de maneira eficiente, a porta balança livremente ao abrir e fechar, sem obstruções. Se, entretanto, a dobradiça estiver apertada demais, a porta não abrirá nem fechará por toda a sua extensão de movimento e você acabará se espremendo pela porta, toda vez que passar por ela, – o que não é uma boa opção. E se você forçar a porta para abri-la, a dobradiça poderá se romper.

Músculos compactos funcionam de maneira bastante parecida. Se os músculos posteriores da coxa são firmes, a perna não se moverá pela sua extensão completa e o cumprimento da passada ficará comprometido. Mais que isso, você deixa os músculos, articulações e tendões abertos às lesões, da mesma forma que a dobradiça. Músculos flexíveis são um componente-chave para livrar-se das lesões de corrida e atingir seu pleno potencial.

Se você erguesse e baixasse um peso de 4 kg durante 3 dias consecutivos, os músculos do braço ficariam muito fortes. Mas, todos os outros músculos do corpo permaneceriam sem treinamento. A corrida fortalece alguns, mas não todos os músculos, o que pode deixar seu corpo desbalanceado.

Balanceamento muscular é importante para permitir que músculos opostos trabalhem juntos a todo vapor. Para estender a perna, o conjunto de músculos na parte posterior da coxa têm de estar estendidos e alongados, enquanto os quadríceps, na parte anterior da coxa se contraem e encurtam. Se houver tensão muscular nos músculos posteriores da coxa e fraqueza nos quadríceps, esse movimento se torna muito mais desafiador, bem como a articulação do joelho que ficará prejudicada. É importante fortalecer e alongar músculos opostos para diminuir o risco de lesões e aumentar a extensão de movimento, estabilidade e força dos músculos, articulações e tendões. Falaremos sobre treinamento de força no próximo capítulo.

A superfície sobre a qual você corre também contribui para o desenvolvimento de lesões. O desnivelamento de estradas com declives e abaulamentos pode causar problemas no joelho e na banda iliotibial. Passeios sobre calçadas de concreto são ruins para o corpo, porque a superfície de aterrissagem é muito dura. Quando possível, evite essas duas situações. Caminhos de cascalho ou barro são, possivelmente, as melhores superfícies para corrida, e por isso são muito mais gentis com o corpo e providenciam uma aterrissagem mais macia e menos impactante. Como regra prática e geral, tente alternar as trilhas, estradas, atalhos e até esteiras. Dessa maneira, seu corpo se adapta a uma variedade de terrenos.

Finalmente, conforme a minha experiência como treinadora, o jeito mais comum dos corredores se machucarem é pelo aumento de quilometragem ou intensidade demasiadas e/ou drasticamente. Visto que a corrida é uma atividade de alto impacto, as progressões no treinamento precisam ser bastante graduais. Cada corredor avança conforme seu próprio ritmo, mas uma boa regra é progredir não mais que 10% a cada semana. Desse modo, seu corpo é desafiado, mas ainda se recupera de corrida em corrida e se adapta para fazer mais na semana seguinte.

Lesões de corrida não têm que acontecer. Ouça o seu corpo à medida que você progride e faça as modificações apropriadas em seu programa, se o seu corpo assim exigir. Existem vários graus de dor e você ficará feliz ao ouvir que nem toda dor requer parar de correr. Os nossos amigos e fisioterapeutas da Athletico Sports Medicine, em Chicago esboçaram os tipos de dor, e o que você deve fazer se isso acontecer.

Dor apenas após a corrida: Se a dor ocorrer somente após a corrida e vai embora rapidamente, considere tirar 1 ou 2 dias de descanso e, em seu lugar, faça *cross-training* com uma atividade que não agrave a dor. Coloque gelo na área e foque em treinamento de flexibilidade. Na maioria dos casos, isso é o suficiente para fazer a dor ir embora.

Dor durante e depois da corrida, sem que afete seu caminhar: Tire 3 ou 4 dias de descanso da corrida, coloque gelo, alongue-se* e faça *cross-training*. Também é recomendado agendar uma consulta com um médico especialista em medicina esportiva ou fisioterapeuta para avaliar e tratar a dor, preferivelmente um profissional que trabalhe com corredores. Verifique referências em sua academia, porque, geralmente, os instrutores costumam fazer parceria com profissionais amigos da corrida. Eu prometo a você que eles o colocarão de volta à estrada e não lhe dirão que deve parar de correr para sempre.

Dor constante que afeta seu caminhar: Se a dor faz você alterar a forma da corrida e persiste depois de correr, não hesite em buscar orientação médica. Corrida com esse tipo de dor só pode piorar as coisas e deixar você inativo por um longo tempo. Um fisioterapeuta ou especialista em medicina esportiva avaliará o problema, descobrirá o porquê de isso acontecer e depois irá reabilitar a lesão para que ela nunca mais ocorra. Em outras palavras, esse profissional o fará correr novamente!

Apesar de ser importante entender a progressão da dor, na maioria dos casos ela pode, em primeiro lugar, ser prevenida. Uma maneira de você diminuir o risco de ferimento é incluir os seguintes exercícios de flexibilidade em sua rotina de corrida.

Os exercícios com o rolo de espuma para o iliotibial e o piriforme são exercícios alongadores que funcionam de maneira muito similar a um rolo de esticar massa. Você também pode rolar as panturrilhas, costas, coxas (anterior e posterior) e até as canelas. Para uma dor em particular ou tensão, use o rolo de espuma de manhã, à noite e antes das suas corridas.

O restante dos exercícios são estáticos, com levantamento e alongamentos específicos às necessidades dos corredores. A melhor hora para realizar esses alongamentos é depois da corrida ou do *cross-training*, quando os músculos estão aquecidos e maleáveis. O treinamento de flexibilidade pode, ainda, promover uma recuperação mais rápida de exercício para exercício.

---

* Os alongamentos utilizados para recuperação em casos de dores na musculatura e que não vão embora, principalmente após os treinos, requerem observação médica ou de um especialista esportivo, para definir se trata-se de lesão. Nesse caso, o alongamento não é recomendado. (N.R.T.)

Por que não alongar para aquecer? Porque o melhor aquecimento para a corrida é correr. O auge do aquecimento inclui de 3 a 5 minutos de marcha para acelerar a sua respiração, batimento cardíaco e temperatura corporal, seguidos por 3 a 5 minutos de corrida leve.

Se você está sem tempo e não pode fazer todos os exercícios de flexibilidade, ao menos alongue em um rolo de espuma os músculos posteriores das coxas, das panturrilhas, flexores dos quadris e da banda iliotibial (canela da perna). Essas áreas tendem a ser as mais vulneráveis à tensão, em consequência da corrida.

▶ Rolo de espuma para alongar a banda iliotibial

Área-alvo:

Faixa Iliotibial (ligamento longo do lado externo da coxa)

Instruções:

Embora esse movimento possa ser levemente doloroso, é bastante eficiente na redução da dor no joelho, por causa da tensão da faixa iliotibial. Deite-se de lado e posicione o rolo de espuma debaixo do seu quadril. Coloque a sola do pé e ambas as mãos sobre o chão para se equilibrar.

Use os braços para, lentamente, rolar o corpo sobre a espuma logo embaixo do quadril, até exatamente antes do joelho. Faça o movimento inverso e repita 10 vezes.

Dica da treinadora:

Certifique-se de que a lateral de sua perna está sobre a espuma. Mantenha o movimento lento e controlado. Se você passar por um ponto sensível, pare e deixe a faixa iliotibial relaxar na espuma. Uma variação mais avançada é rolar com ambas as pernas estiradas e distantes do chão.

▶ Rolo de espuma para alongar o piriforme

Área-alvo:
Músculos de sentar (músculo do glúteo)

Instruções:
O piriforme, localizado abaixo do glúteo, é um lugar comum para tensão e dor. Esse exercício libera a tensão, reduz a dor e melhora a mobilidade dos quadris.

Sente-se sobre o rolo de espuma e posicione um tornozelo sobre o joelho oposto. Desloque o seu peso sobre o quadril com a perna estendida, e role devagar e gentilmente de um lado a outro daquele quadril.

Dica da treinadora:
Quando você sentir um ponto de tensão, segure aquela posição, relaxe o músculo e posicione o peso do corpo nesse ponto, tanto quanto possível. Você sentirá o músculo relaxar na espuma.

▶ Descendente

Área-alvo:
Coxa posterior, panturrilhas

Instruções:

Comece com o corpo estirado para baixo, as palmas das mãos no chão e empurrando o corpo para cima, com os braços em um V invertido. Mantenha os braços e pernas esticados, pressione a cabeça por entre os seus braços e mantenha os calcanhares no chão. Respire e permaneça assim por 30 segundos. Repita uma segunda vez.

Dica da treinadora:

Essa é uma posição de yoga extremamente eficaz, bem como uma ótima ferramenta para corredores, porque ela alonga as coxas posteriores. Mantenha os pés retos, apontando para a cabeça.

▶ Movimento do flexor do quadril para frente

Área-alvo:

Coxa anterior

Instruções:

Ajoelhe-se sobre o chão, tendo um tapete embaixo do joelho. Posicione o pé direito para frente, de maneira que o joelho direito dobre 90º sobre o pé. Relaxe a perna esquerda e foque em torcer o quadril esquerdo para cima, em direção ao teto. Relaxe e permaneça assim durante 20 a 30 segundos.

Dica da treinadora:

Mantenha o tronco ereto ao pressionar o quadril para frente e para cima.

▶ Alongamento da região posterior da coxa

Área-alvo:

Parte de trás da coxa

Instruções:

Fique em pé, com uma perna elevada sobre um banco, degrau ou uma cadeira, a aproximadamente 1 metro do chão. Mantenha a perna elevada estirada, com os dedos apontando em direção ao teto. Permaneça ereto, com os quadris voltados para frente. Curve-se suavemente para frente, a partir dos quadris, enquanto mantém o peito reto. Relaxe e permaneça durante 20 a 30 segundos. Troque as pernas e repita o exercício.

Dica da treinadora:

Concentre-se em relaxar a parte superior do corpo, quadris e pernas, enquanto mantém o alongamento.

▶ Alongamento de panturrilhas

Área-alvo:

Panturrilhas inferiores

Instruções:

Fique em pé e com os pés afastados. Deixe um pé para frente e outro para trás, e flexione o joelho dianteiro suavemente. Quando você sentir um alongamento na panturrilha da perna de trás, lenta e gradualmente flexione o respectivo joelho. Relaxe e permaneça por 20 a 30 minutos. Troque as pernas e repita.

Dica da treinadora:

Certifique-se de que seus pés estão voltados para frente.

▶ Alongamento da parte interior da coxa

Área-alvo:
Coxa interior

Instruções:
Sente-se com as solas dos tênis unidas. Segure os pés e pressione suavemente as pernas para baixo, com os cotovelos. Relaxe e permaneça por 20 a 30 segundos.

Dica da treinadora:
Se isso for desafiador demais, coloque as mãos sobre o chão, próximo aos joelhos e incline-se para frente, alongando-se.

▶ Alongamento do quadril

Área-alvo:
Coxa externa

Instruções:

Deite-se sobre as costas, com o pé direito sobre o chão. Repouse o tornozelo esquerdo logo abaixo do joelho direito e puxe a perna direita contra o tórax. Relaxe e permaneça por 20 a 30 segundos. Troque os lados e repita.

Dica da treinadora:

Se isso for desafiador demais, mantenha o pé direito no chão e sente-se de maneira a repousar o peso sobre os cotovelos ou mãos.

▶ Alongamento da região anterior da coxa

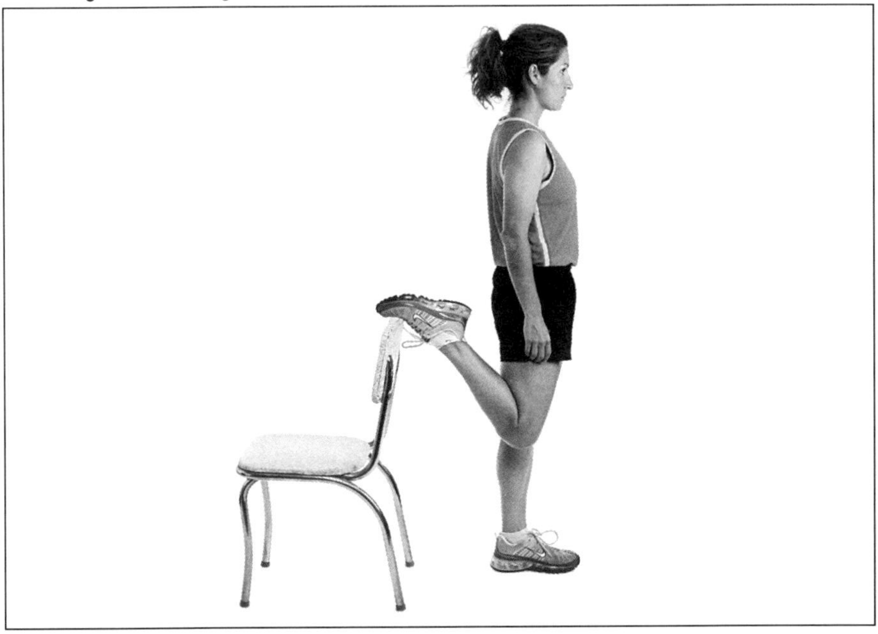

Área-alvo:

Quadríceps (coxa anterior)

Instruções:

Fique em pé, mantenha um pé no chão e deixe o outro sobre um banco ou cadeira atrás de você, exatamente abaixo da altura do quadril. Mantendo-se ereto, foque em empurrar os quadris para frente, até sentir o alongamento da coxa e dos flexores do quadril. Relaxe e permaneça por 20 a 30 segundos. Troque a perna e repita.

Dica da treinadora:

Mantenha os joelhos alinhados e os quadris posicionados para frente.

▶ Alongamento do glúteo

Área-alvo:
Piriforme, músculos do glúteo

Instruções:
Deite-se sobre as costas e cruze a perna direita sobre a esquerda. Puxe ambas as pernas contra o tórax para sentir o profundo alongamento nos glúteos. Relaxe e permaneça por 20 a 30 segundos. Repita o alongamento em ambas as pernas. Troque os lados e repita.

Dica da treinadora:
Se for difícil demais atingir os joelhos, enrole uma toalha ao redor dos joelhos para servir de alavanca e puxe-a em direção ao tórax.

▶ Alongamento das costas

Área-alvo:
Parte superior e inferior das costas

Instruções:
Ajoelhe-se no chão e deslize as mãos para fora, em frente ao corpo. Desloque os quadris para trás, posicionando o peso sobre os calcanhares, enquanto se estica para frente, com as mãos. Permaneça por 20 a 30 segundos e repita.

Dica da treinadora:
Relaxe a cabeça entre os braços. Para um alongamento extra, jogue as mãos para o lado direito e permaneça. Depois repita com o lado esquerdo.

▶ Alongamento do tórax

Área-alvo:

Tórax, ombros

Instruções:

Entrelace os dedos atrás da base da coluna. Levante as mãos para cima em direção ao teto, até sentir um alongamento no tórax e na frente dos ombros. Permaneça assim por 20 a 30 segundos e repita.

Dica da treinadora:

Você também pode realizar esse alongamento segurando em uma cerca, poste ou algo atrás de você que seja estável.

Dicas e truques da treinadora Jenny

- Se as dores fizerem você alterar o seu passo, evite correr. É hora de repousar e consultar um profissional da medicina esportiva que vai ajudá-lo a retornar rapidamente para a estrada e ensiná-lo como esquivar-se de lesões no futuro.
- Previna-se de ferimentos ao incluir exercícios regulares de resistência e flexibilidade para pés, tornozelos, canelas, quadris e base das costas, e seguindo uma estrutura de programa de treinamento que esteja de acordo com o seu nível atual.

14

Treino de resistência para corredores

Pérolas de sabedoria do Pinguim

Alguns corredores recentes atribuem a fadiga, a dor ou o ferimento igualmente à corrida. A fadiga resulta de anos sem correr. Permanecer parado por muito tempo faz com que mover-se pareça estranho e doloroso.

É bastante comum que os novos corredores se machuquem. É comum, mas não inevitável.

O nosso corpo dói por não nos movermos e, pela mesma razão, os nossos músculos são fracos e as articulações se tornam inflexíveis. A atividade trará o corpo de volta à vida e o relembrará da alegria de estar em movimento.

Não olhe para o que é novo em sua vida como fonte da sua fadiga. Olhe para o que é antigo e onde você esteve para responder o motivo de seu corpo resistir à mudança.

Um corredor forte* é livre de contusão. Antigamente acreditava-se que exercícios de resistência impactavam negativamente os corredores, jogadores de golfe, basquete e outros atletas. Nós também pensamos que o planeta Terra era plano. Em minha opinião, as coisas mudam e evoluem, e o mundo da corrida, atualmente, é muito diferente do que era há 20 anos. Fortalecer o corpo, não somente reduz o risco de lesões, mas aprimora o desempenho da corrida.

* Corredor forte fica livre de contusões, desde que não atinja níveis alarmantes de esforços e deficiente compensação alimentar, de hidratação e descanso. (N.R.T.)

Investir um pouco de tempo no desenvolvimento e manutenção de um corpo forte permitirá que você corra de forma saudável pelo resto de sua vida. Claro, isso leva tempo, a partir de quando você começa a correr, mas o benefício de dedicar alguns exercícios toda a semana, para se fortalecer, de longe supera os precedentes para correr mais.

Hoje em dia, a maioria dos corredores não se limita somente à corrida. Eles também têm aulas de yoga para melhorar a flexibilidade, realizam treinos de resistência para construir um alicerce forte e alternam corrida com outras atividades, como pedalar e nadar, para descansar ativamente. O resultado final: Eles correrão mais longe com melhor qualidade e podem até mesmo se divertir mais!

Pense no corpo como uma casa. Você gostaria de morar em uma casa feita de papelão? Com certeza ela não aguentaria a primeira chuva forte. Que tal construir a sua casa com concreto e tijolo? Imagine uma casa tão forte, que sequer a pior tempestade poderia afetá-la. Isso é o que significa para um corredor o treinamento de resistência.

Correr é uma atividade de alto impacto.* E não significa que ela é ruim para você, mas apenas que quando você corre, o impacto em seu corpo é mais alto do que seria na maioria das atividades. Se você corre sem ter uma base forte, é como se abrigar de uma tempestade em uma casa feita de papelão. Em breve, você provavelmente iria se machucar, perderia o equilíbrio e ficaria impedido de correr. Portanto, construa uma base forte ao desenvolver o equilíbrio certo entre seus músculos de corrida, que o impulsionam para frente, e os músculos de estabilidade, aqueles que suportam você passo a passo.

Este capítulo é dedicado a mostrar alguns exercícios de resistência fundamentais que você poderá praticar 2 ou 3 vezes por semana, para remodelar a sua casa com concreto e tijolo e, mais importante, permitir a você correr por toda a vida. Esses movimentos beneficiarão o desempenho da sua corrida, bem como diminuirão o risco de lesões.

Em outras palavras: Como as partes de um carro, cada elemento da corrida tem uma função única. O motor e a ignição são forças que movem o carro, o sistema de abastecimento ajuda o motor a cumprir a sua função, e os freios e as marchas mantêm-no estável enquanto você dirige rua abaixo. Tudo trabalha junto.

---

* O impacto na ossatura das pernas pode significar algo em torno de 1½, 2 ou 3 vezes o peso corporal. Logo, o fortalecimento permite uma resposta favorável em força e contrária à força produzida ao solo. (N.R.T.)

Os músculos de produção de força primária são como o motor de um carro que o impulsiona de um pé a outro. Esses músculos incluem os posteriores da coxa (na parte de trás da coxa), flexores do quadril, na parte de frente e superior da coxa, e as panturrilhas, dois músculos grandes na parte de baixo da perna. Os músculos assistentes ou secundários das coxas (quadríceps), canelas (tibiais anteriores) e parte superior ajudam os músculos primários a impulsionar você para frente.

Os freios e as marchas, ou os músculos de estabilidade no cinturão de força, adutores (coxa interna) e abdutores (coxa externa), trabalham para balancear as articulações, esteja você ativo ou não. Sem freios e marchas, seu carro sairia desgovernado pela pista, de lado a lado, para cima e para baixo. Seu corpo faria o mesmo sem os músculos fortes de estabilidade. O que não deveria se mover passaria a fazê-lo, e o que deveria se mover não o faria, deixando você vulnerável a ferimentos e desequilíbrio muscular. Os músculos de estabilidade têm a função mais difícil, por trabalharem constantemente para manter seu corpo estável, enquanto você corre vigorosamente rua abaixo.

O real segredo para correr bastante, e livre de ferimentos, é manter o equilíbrio entre os três sistemas. Se os músculos de estabilidade são deixados sem treinamento, os de movimentos primários predominarão e criarão um desequilíbrio. Para prevenir esse pequeno golpe em seu corpo, incorpore um programa de fortalecimento bem balanceado que inclua exercícios para os músculos de movimento primário, secundário e de estabilidade.

Existem centenas de exercícios de resistência que você pode fazer. Os que estão aqui são especificamente para as necessidades de corredores, e são alguns dos meus favoritos. Eu gosto de chamá-los funcionais, porque eles o são. Não há desperdício de energia e cada exercício tem um propósito. Se você der a esse programa 8 a 10 dias de constante prática, começará a perceber a diferença em seu desempenho e velocidade na corrida, e também nas atividades diárias. Menos é mais. Tente.

Preste atenção especial às dicas a respeito da postura. É melhor realizar um exercício com menos peso ou resistência, com uma boa postura, do que fazê-lo com peso e uma péssima postura. Esses não são exercícios tradicionais com peso. Portanto, você não encontrará *squats** amadores ou 135 kg de barra de peso.

---

* Exercícios de agachamento. (N.R.T.)

Os corredores não precisam de muitos músculos em um lugar só, mas precisam de força balanceada em várias partes do corpo. O que pode parecer um exercício fácil, na prática é bem difícil, se feito com uma boa postura.

Você não precisa de uma sala de musculação para realizar esses exercícios, mas precisará de alguns pequenos equipamentos de educação física, como uma bola de condicionamento, tubo e banda de resistência, rolo de esponja, bola de playground ou toalha, e um par de pesos leves.

Frequência

Se você for iniciante no treinamento de resistência, comece por realizar os seguintes exercícios 2 vezes por semana, em dias não consecutivos, talvez às segundas e terças-feiras. Você pode fazê-los depois de uma corrida curta e fácil, ou depois de uma caminhada de 10 minutos para aquecimento. Em ambos os casos, certifique-se de fazer o aquecimento antes de iniciar esse programa.

Se você é uma pessoa que faz treinamento de resistência sazonalmente, inclua 2 ou 3 sessões de resistência por semana, em dias não consecutivos, que podem ser segunda/quarta/sexta, ou segunda/terça. Duas sessões são suficientes para os corredores durante uma estação de treinamento para uma competição de 10 km ou meia-maratona.

Aumente para 3 sessões, quando você não estiver treinando tão intensamente. Para aqueles que treinam durante o ano todo, prefira praticar 2 vezes por semana.

Intensidade

Se você acabou de iniciar o treinamento de força ou está retornando depois de longas férias, comece com uma série de 12 a 15 repetições. Independentemente de repetições ou séries, o segredo para conseguir aproveitar ao máximo o programa é praticar cada exercício até ficar bem cansado, isto é, fazer o exercício até o ponto de você não poder mais realizar o movimento com uma boa postura. Se você não fatigar o músculo, perderá tempo. Isso não significa chegar ao ponto de todos olharem, como se você fosse perigoso. Significa simplesmente focar em cada exercício e prosseguir à medida que seu corpo se tornar mais forte e estiver em forma.

O maior erro que a maioria das pessoas comete em relação aos exercícios de fortalecimento é repeti-los com a mesma intensidade. Isso sempre pode ser mais instigante. Quando você se tornar bom em algum exercício, ajuste-o para deixá-lo mais difícil.

Se você esteve treinando exercícios de resistência, comece com séries múltiplas de 8 a 12 repetições. Se já tem um histórico desses exercícios, pode misturá-los um pouco, alternando um dia difícil, por exemplo, 3 séries de 12 a 15 repetições por exercício, com um dia fácil, com 1 ou 2 séries de 12 a 15 repetições. Como na corrida, deve haver dias de exercícios pesados e dias de exercícios moderados. Você pode até misturar dias de exercícios pesados para as pernas/leves para a parte superior e dias de exercícios pesados para o cinturão de força/leves para as pernas. Não existe receita que funcione e não há nenhuma pílula mágica. Encaixe tais exercícios em seu programa de corrida, dentre os seus interesses, e no seu estilo de vida.

Esses exercícios ficarão mais fáceis à medida que seu corpo se adaptar e se tornar mais forte. Siga as dicas para progredir com o exercício e elevar seu grau de dificuldade. Se você apenas fizer os movimentos, não irá melhorar. Cada exercício deve ser um desafio.

Inicialmente você pode levar 45 minutos para seguir esse programa, e uma vez que tenha aprendido os exercícios, é provável que consiga realizá-los em 30 minutos. A rotina de exercícios de resistência é um ótimo complemento para um *cross-training* que trabalhe o coração, ou para uma corrida curta. No entanto, faça os exercícios que trabalham o coração, antes dos treinos de fortalecimento.

Observações sobre a respiração e a postura

Uma vez que o ímpeto é utilizado quando se move rapidamente, diminua a velocidade de cada exercício para obter um movimento controlado, aumentando a intensidade da contração e minimizando o risco de lesões. Inspire, durante a parte mais fácil do exercício, e expire durante a contração ou parte difícil do mesmo.

É vital manter uma boa postura e alinhamento neutro de sua coluna enquanto realiza esses exercícios. Eu costumo dizer: mantenha um cinturão de força forte ao posicionar o umbigo em direção à coluna, durante cada movimento.

Exercicios difíceis/fáceis

Se você é novato em treinamento de resistência, inclua todos os exercícios leves pelas primeiras 8 semanas. Depois, progrida até incluir os exercícios fáceis que têm maior grau de dificuldade.

Se você já está acostumado a treinamentos de resistência, use os exercícios fáceis para uma sessão e os difíceis para a outra, especialmente se você está treinando para uma competição de longa distância, como uma maratona. Isso lhe proporcionará variedade de exercício para exercício, além de flexibilidade para sua corrida e *cross-training*.

Aquecendo

Passe de 5 a 10 minutos se aquecendo em um aparelho próprio para trabalhar o coração, caminhando, ou até mesmo correndo, antes de começar o seu programa de resistência. Isso elevará sua temperatura corporal, aquecerá seus músculos e preparará você para exercícios extenuantes. O treinamento de força também pode ser feito depois do *cross-training* cardiovascular, ou dos exercícios de corrida.

▶ Posição de arremeter (dias leves + difíceis)

Área-alvo:

Coxa posterior e anterior, glúteos

Instruções:

Em pé, cambaleie a parte da frente e de trás dos pés, com a distância dos quadris. Dê um grande passo para frente. Tente realizar isso em frente a um espelho, para você poder checar o ângulo de seu joelho com o chão. Mantendo seu cinturão de força bem alinhado, flexione o joelho da frente até 90º, de modo que a coxa fique paralela ao chão. Certifique-se de que o joelho está alinhado acima do tornozelo e não atrás dos dedos dos pés. Você não deve sentir esse movimento em seus joelhos. Pause e eleve completamente o calcanhar da frente para retornar à posição inicial.

Variação:

Segure pesos e alterne a posição inicial: pule para frente com a perna direita, depois com a esquerda, e assim por diante. Para também trabalhar o equilíbrio e a estabilidade, coloque o pé da frente em um travesseiro ou em uma tira enrolada.

Dica da treinadora:

Foque em se movimentar com a perna da frente, em um movimento para baixo, em direção ao chão. Você pode sentir isso na parte traseira da perna, à medida que ela está se firmando e os flexores do quadril estão em uma posição estirada. Você pode também perceber que está mais forte ou mais equilibrado em um lado do que no outro. Este é um exercício desafiador por treinar cada perna de maneira independente, o que acrescenta um balanceamento de força em ambos os membros.

▶ Agachamento à parede com bola (dias leves + difíceis)

Área-alvo:

Coxa posterior e anterior, glúteos e coxa interna

Instruções:

Coloque uma bola de ginástica entre o meio de suas costas e a parede. Fique em pé, com os pés separados na largura da cintura, e dê alguns passos para frente, afastando-se da parede. Pressione o corpo firmemente contra a bola. Dobre os joelhos a 90º, até as coxas ficarem paralelas ao chão e os joelhos estarem acima dos tornozelos, mas não nos dedos dos pés. Pause por um momento, depois faça força sobre os calcanhares e estenda as pernas para retornar à posição inicial.

Variação:
Segure pesos ou uma bola terapêutica, para exercitar os músculos das mãos. Mais difícil ainda: levante um pé e realize o exercício com uma perna de cada vez.

Dica da treinadora:
Foque em pressionar completamente cada pé e perna igualmente. Devagar, flexione e estenda as pernas, pausando rapidamente a cada vez.

▶ *Step* (dia difícil)

Área-alvo:
Coxa posterior e anterior, glúteos

Instruções:
Segure pesos leves, fique de pé, voltado para um apoio de 46 a 61 cm de altura, que pode ser a caixa térmica, o banco do parque ou de ginástica, ou uma cadeira estável. Suba no banco com o pé direito e empurre com o pé esquerdo. Enquanto permanece com o pé direito sobre o banco, levante a perna esquerda para ganhar altura e parar. Desça com o pé esquerdo. Realize a série completa sobre a perna direita e depois repita com a perna esquerda.

Variação:
Não coloque o pé de volta no chão para descansar, abaixe-o quase até o chão e depois o levante para trás. Ainda mais difícil: adicione um salto no topo do banco.

Dica da treinadora:

Mantenha o tronco ereto e evite pender para um lado. Se isso for desafiador demais, largue os pesos e abaixe a altura do banco. Pise com o pé inteiramente sobre o banco e eleve o calcanhar. Esse é um ótimo exercício para desenvolver o equilíbrio.

▶ Afundo lateral (dia difícil)

Área-alvo:

Coxa posterior e anterior, glúteos, coxa interna

Instruções:

Fique em pé, ereto, com os pés separados na largura do quadril. Pise para a direita, e com o peso sobre a perna direita, agache ao mover os quadris para trás e para baixo, em direção ao chão. Mantenha a perna esquerda estendida e os dedos dos pés direcionados para frente. Pause e retorne para a posição inicial. Repita com o outro lado.

Variação:

Segure uma bola terapêutica de 1 a 1,5 kg ou peso e levante-o até o nível dos ombros, enquanto você pisa e se agacha. Ainda mais difícil: repita a série de estocada lateral, inteiramente sobre uma perna, e depois troque para a outra perna.

Dica da treinadora:

Foque em se movimentar com a perna dianteira, enquanto mantém a perna de trás estendida. Isso funciona para alongar, bem como para fortalecer a coxa interna e a área da virilha. Seja cauteloso e evite pisar distante demais nas primeiras vezes e, gradualmente, progrida aumentando a distância pouco a pouco.

▶ Curvatura da coxa sobre bola (dia difícil)

Área-alvo:

Parte de trás da coxa, nádegas, cinturão de força

Instruções:

Deite-se com as mãos nas laterais, sobre o chão, panturrilhas repousando em uma bola de ginástica e pés flexionados com os dedos apontando em direção ao teto. Usando os músculos glúteos, comprima e levante os quadris do chão, até formar uma linha diagonal dos pés com os ombros. Empurre a bola para baixo com os calcanhares e traga a bola em direção aos glúteos. Mantenha os quadris e glúteos levantados, enquanto em movimento. Lentamente, estire as pernas, à medida que você empurra a bola para longe. Quando as suas pernas estiverem estiradas, abaixe os glúteos até o chão e repita.

Variação:

Mantenha os glúteos fora do chão, durante cada repetição. Ainda mais difícil: coloque as mãos sobre o abdome e os cotovelos sobre o chão, enquanto você realiza o exercício, ou tenta fazê-lo usando uma perna, enquanto permanece com a outra perna flexionada e elevada.

Dica da treinadora:

Este é um excelente exercício para desenvolver força, equilíbrio e firmeza. Foque manter os dedos dos pés apontando em direção ao teto, durante o exercício completo. Pressione para baixo e contra a bola, ao flexionar e estender as pernas.

▶ Ponte com bola (dia fácil + difícil)

Área-alvo:

Glúteos

Instruções:

Deite-se no chão, com as mãos nas laterais e uma bola de recreação, uma toalha enrolada ou um rolo de espuma entre os joelhos.

Usando os músculos glúteos, pressione e eleve os quadris acima do chão, até formar uma linha diagonal dos joelhos até quadris e ombros. Somente os ombros e pés continuam sobre o chão. Enquanto se eleva, aperte os joelhos contra a bola e contraia os músculos das nádegas, espremendo a bola com movimentos para cima e para dentro. Isso ativará os grupos de músculos dos glúteos e adutores (coxa interna). Pause por alguns segundos, enquanto segura a compressão, e depois abaixe os quadris de volta ao chão, ainda pressionando a bola. Repita o movimento.

Variação:

Desça até poucos centímetros acima do chão entre as repetições. Ainda mais difícil: coloque os braços sobre o abdome, ou tente o exercício com uma perna, sem a bola.

Dica da treinadora:

Empurre o umbigo em direção à coluna e foque em 2 movimentos: pressionar a bola ou toalha e espremê-la para cima, em direção ao teto.

▶ Levantamento lateral da perna (dia fácil + difícil)

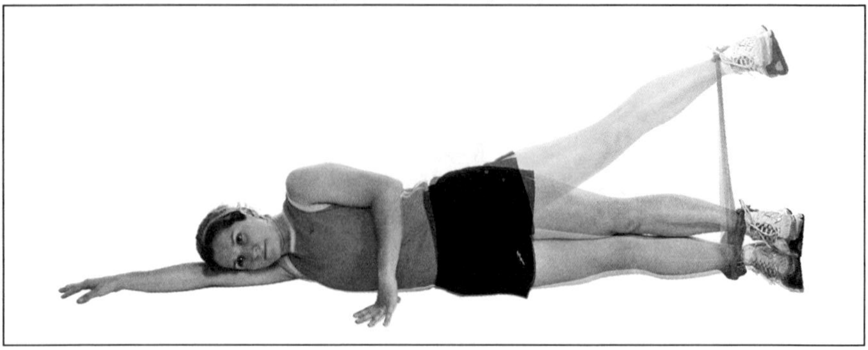

Área-alvo:
Quadris (abdutores)

Instruções:
Posicione um elástico em volta dos tornozelos, ou realize esse exercício sem um elástico. Deite-se de lado, com a cabeça relaxada sobre o braço e uma perna sobre a outra. Com as pernas estiradas, levante a perna de cima, com o pé flexionado, para acima do nível do quadril, focando em contrair os quadris. Pause por 1 segundo, abaixe-a e repita.

Variação:
Permaneça com a perna estendida na posição superior, durante cada repetição. Ainda mais difícil: use um elástico com um grau de resistência maior.

Dica da treinadora:
Mantendo seu corpo em uma longa linha sobre o chão, gentilmente incline o quadril de cima em direção ao chão. Isso isola os abdutores, quadris e evita que as coxas realizem todo o trabalho.

▶ Levantamento da panturrilha

Área-alvo:
Panturrilhas

Instruções:

A partir de uma posição de flexão, pressione para cima e ponha o pé direito sobre o calcanhar esquerdo. Com o peso do corpo sobre a bola do pé esquerdo pressione e eleve o calcanhar esquerdo do chão. Segure na posição por alguns segundos e depois empurre o calcanhar esquerdo para baixo, em direção ao chão. Repita.

Variação:

Mova a perna o mais distante para o lado do corpo.

Dica da treinadora:

Foque em pressionar o calcanhar em movimento contra o chão, depois de cada repetição, para um ótimo alongamento da panturrilha.

▶ Caminhada com o calcanhar (dia fácil + difícil)

Área-alvo:

Canelas

Instruções:

Em pé, incline-se e apoie-se sobre os calcanhares, e caminhe por 1 minuto. Pause e repita o movimento. Realize somente 2 repetições.

Variação:

Aumente o tempo para 1 minuto e meio, e inclua mais 1 repetição.

Dica da treinadora:

Mantenha os joelhos estendidos e caminhe sobre os calcanhares, sem colocar os dedos no chão.

▶ Flexões (dia fácil + difícil)

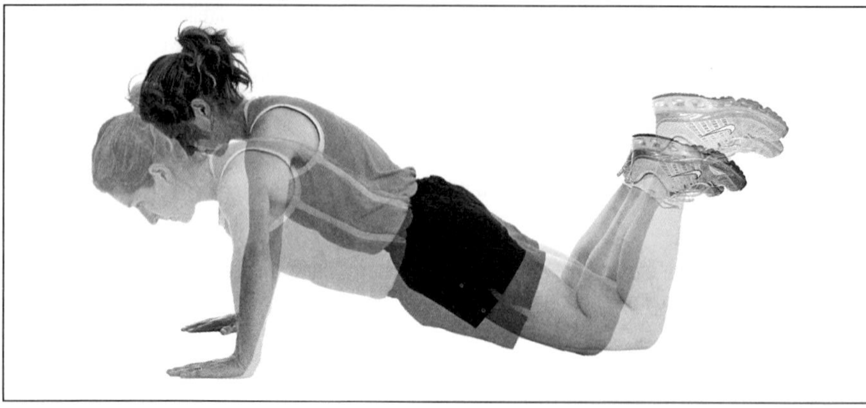

Área-alvo:

Tórax, braços, cinturão de força

Instruções:

Se você é iniciante no treinamento de resistência, comece com as mãos e os joelhos. Coloque as mãos um pouco mais afastadas do que a largura dos ombros, até que seu braço esteja dobrado a 90º e o cotovelo esteja acima do pulso. Mantendo os músculos do cinturão de força contraídos, empurre o corpo para cima e distante do chão, até os braços estarem estendidos. Então, pause lentamente, abaixe as costas – apenas um pouco afastado do chão – e repita.

Variação:

Realize a flexão sobre as mãos e dedos dos pés. Ainda mais difícil: erga um pé do chão.

Dica da treinadora:

Se você tiver dificuldade para fazer este exercício, tente baixar o corpo de volta para o chão, para um breve descanso entre as repetições.

▶ Remo em pé + agachamento (leve + difícil)

Área-alvo:

Costas, braços, cinturão de força, coxas posteriores internas

Instruções:

Fique em pé, com os pés afastados um pouco mais que a distância entre os ombros, e os dedos dos pés apontando para fora. Dobre os joelhos e mantenha a posição. Simultaneamente, pressione a escápula com os braços juntos e puxe-os para trás, trazendo os cotovelos para trás de você. Pause e retorne para a posição inicial. Permaneça em posição de agachamento durante toda a série. Repita.

Variação:

Use um tubo mais grosso, agache toda vez que puxar.

Dica da treinadora:

Antes de puxar, comprima as escápulas juntas, depois puxe, usando os músculos das costas. Mantenha o tronco ereto, as pernas flexionadas e os músculos contraídos.

▶ Elevação dos ombros (dia fácil + difícil)

Área-alvo:

Estabilizadores do ombro, parte superior das costas

Instruções:

Deite-se virado para baixo, sobre uma bola de ginástica, de modo que as suas costas fiquem retas e o tórax esteja fora da bola. Puxe as suas escápulas até o centro das costas (coluna espinhal), movendo os braços para fora das laterais do corpo, com os polegares para cima e apontando para o teto.

Variação:

Segure pesos leves.

Dica da treinadora:

Permaneça com a cabeça alinhada ao corpo e foque em comprimir as escápulas juntas.

▶ Prancha (dia difícil)

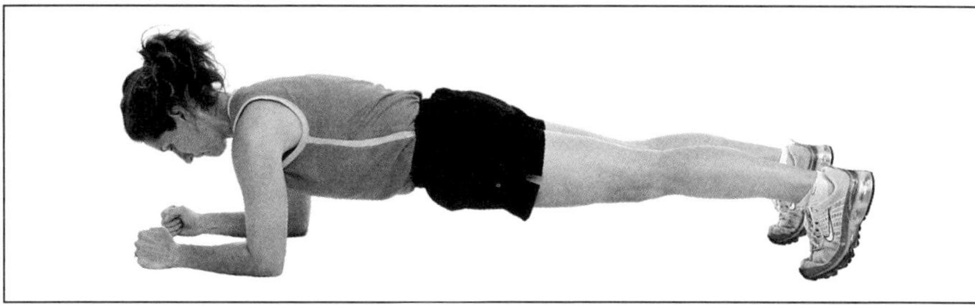

Área-alvo:
Estabilizadores centrais, ombros, quadris

Instruções:
Deite-se virado para baixo, com os antebraços sobre o chão. Empurre para cima, para que os cotovelos fiquem abaixo dos ombros e os braços flexionados a 90º. Segure o corpo em linha reta, da sua cabeça até os pés. Mantenha essa posição por 15 a 20 segundos, depois abaixe-se para repousar. Repita de 4 a 6 vezes.

Variação:
Mantenha a posição por 30 a 60 segundos, em 5 a 8 repetições.

Dica da treinadora:
Foque em comprimir os glúteos, comprimindo o umbigo para dentro, na direção da sua coluna, e mantenha respiração estável do começo ao fim.

▶ Compressão do cinturão de força (dia leve + difícil)

Área-alvo:
Cinturão de força

Instruções:

Deite-se de costas sobre uma bola firme, com as mãos atrás da cabeça e os cotovelos para fora, nas laterais, como asas de avião. Comprima sua caixa torácica em direção aos quadris, focando em manter os braços nas laterais. Use os músculos do cinturão de força para realizar esse movimento. Retorne para a posição inicial.

Variação:

Mova o corpo para trás, para que a parte superior fique mais distante da bola. Com os braços afastados, apoie uma bola terapêutica com peso, ou peso, sobre o seu peito

Dica da treinadora:

Foque apenas em mover sua caixa torácica em direção aos quadris. Esse é um movimento pequeno e, quando feito corretamente, é muito eficaz. Evite usar os braços para levantá-los e mantê-los nas laterais, a menos que você esteja segurando um peso. Se você sentir isso nas costas, mova seu corpo para frente sobre a bola a fim de obter mais apoio.

▶ Giro do cinturão de força (dia difícil)

Área-alvo:

Cinturão de força (oblíquos), ombros

Instruções:

Prenda uma ponta do elástico* em um objeto estável à altura do ombro. Segurando a manivela do tubo, fique de pé com os pés separados na largura do quadril, os braços estendidos para fora e em direção ao ponto-âncora. Pressionando o umbigo contra a coluna, use o cinturão de força para girar o corpo, tão longe quanto você possa, mantendo os braços estirados à altura dos ombros. Pause brevemente, depois retorne para a posição inicial. Repita.

* Elástico resistente específico para exercícios. (N.R.T.)

Variação:

Mova-se para mais longe de onde o elástico está ancorado, esticando-o. Ainda mais difícil: use um tubo mais grosso.

Dica da treinadora:

Finja que há um polo no centro de seu corpo e gire ao redor dele. Comece e termine a rotação com o cinturão de força.

Dicas e truques da treinadora Jenny

- Realize 2 ou 3 sessões de fortalecimento por semana, para revigorar os músculos, tendões e articulações. É como construir uma base de concreto para uma casa.
- Inclua exercícios para as partes superior e inferior de seu corpo, e grupos musculares centrais. Força e equilíbrio melhorarão postura e eficiência.
- Invista em algumas sessões com um treinador ou fisioterapeuta, para aprender sobre postura correta.
- Foque nas técnicas, mais importantes do que a quantidade de peso que você levanta.
- Aumente a resistência ou adicione um elemento de equilíbrio, quando o exercício ficar fácil. Assim como as suas corridas, essas sessões devem ser desafiadoras.
- Realize exercícios localizados de fortalecimento, porém não mais do que em dias alternados, para dar aos seus músculos tempo para a recuperação.
- Se você é iniciante no treinamento de força, ou não o faz há algum tempo, comece com exercícios leves, por 8 semanas, e progrida para incluir movimentos, leves e pesados.

15

Mexa-se

Pérolas de sabedoria do Pinguim

Para mim, está claro que eu nunca terei um corpo de corredor, não importa quantos quilômetros eu corra. Portanto, estou me concentrando em ter uma alma de corredor.

Embora possa parecer loucura, eu realmente pensei que quando começasse a correr, meu corpo mudaria drasticamente. Pensei que minhas pernas ficariam mais longas, meus quadris mais estreitos, o abdome torneado e todo o meu físico seria de um atleta de elite.

Todavia, meu corpo ainda é meu corpo. Onde o corpo de um atleta de elite sobe, o meu cai. Onde é vertical em um corpo de um atleta de elite, no meu é horizontal. O meu corpo parece que foi montado de uma pilha de lixo genético.

E ainda é o corpo que me carregou para mais de 40 linhas de chegada de maratonas. É o corpo que segurou meu filho e netos. É o corpo que eu tenho, e sou grato por tê-lo.

Um antigo companheiro de corrida, Roy Benson, costumava contar uma história sobre como é fácil perder peso. Ele ia aos mínimos detalhes sobre queimar gordura, em níveis baixos de esforço, e carboidratos, em níveis altos de esforço.

Ele dizia que o corpo queima a mais alta porcentagem de gordura, como parte da fonte total de energia, enquanto a pessoa está dormindo. Desse modo, a forma mais eficaz para perder peso e queimar gordura é – repita comigo – dormir bastante.

Naturalmente, ele estava sendo jocoso, mas havia um pouco de verdade em suas palavras. Ele reconhecia que para a maioria dos corredores, a meta número 1 não é correr uma prova rápida de 5 km ou maratona. A razão número 1 para as pessoas começarem a correr é perder peso.

E por que elas não deveriam? Por que as pessoas comuns simplesmente supõem que todos os corredores se parecem com os poucos corredores muito magros que você vê na televisão durante as Olimpíadas? Eles são corredores e são muito magros. Consequentemente, correr tem que fazer você ficar muito magro.

É o que os experts em lógica chamam de falso silogismo, você sabe:

Todos os cachorros têm dentes.
John tem dente.
Consequentemente, John é um cachorro.

No nosso silogismo, ficaria assim:

Alguns corredores são magros.
Você é um corredor.
Talvez você seja magro.

Correr para perder peso é tão boa razão quanto qualquer outra para começar a correr, e ela não é somente a única razão para começar, nem a única razão para permanecer com isso.

Nós queríamos escrever o livro mais sucinto sobre saúde e ginástica já escrito. Queríamos cobrar muito dinheiro pelo livro, apesar de ele ter apenas duas frases. Infelizmente, não pudemos encontrar um editor disposto a assumir esse risco.

Na verdade, o título do livro proposto era mais longo do que o próprio livro: *John e Jenny – Guia para perda substancial de peso e administração sustentável do peso sem contrassenso: uma metodologia acessível.* O livro, na íntegra:

Coma menos. Mexa-se mais!

A verdade sobre o assunto é: para a média de 90% das pessoas, isso é tudo o que há para fazer. Você está ganhando peso? *Coma menos. Mexa-se mais.* Acabou de ter um bebê e quer perder o peso da gravidez? *Coma menos. Mexa-se mais.* A barriga de chope está começando a incomodar? *Coma menos. Mexa-se mais.*

Pensamos que nenhum editor gostaria do livro, porque todos querem perder peso e administrá-lo, mas a nutrição parece complicada e impossível de se entender. Se você não acredita em mim, ande pela seção de dieta e nutrição de qualquer grande livraria.

Mas, o que nós sabemos com certeza, é que carboidratos são bons. Carboidratos são ruins. Proteínas são boas, exceto quando elas são más. E gordura é sempre má, exceto quando elas são boas.

Do mesmo modo, já tentamos quase todo tipo de dieta e pílula nutricional mágica que existe por aí. O problema, com quase toda dieta ou pílula nutricional mágica, é que só funciona por algum tempo e depois você tem que voltar a viver a sua vida.

Entretanto, para corrida e caminhada em particular, movimento é a pílula mágica. Ela requer 30 minutos por dia, 3 ou 4 vezes por semana, para ser engolida. E é uma pílula mágica que só funciona se você continuar tomando pelo resto da vida.

O que aconteceria se fizéssemos a seguinte pergunta: Você preferiria ser magro a ser saudável pelo resto da vida?

Se estivéssemos em uma sala cheia de corredores novatos, veríamos muitas mãos no ar, porque várias pessoas ainda cometem o erro de acreditar que ser magro é melhor do que ser saudável.

Aparentemente, John é um seguidor tardio da corrida, como uma estratégia para perder peso. Afinal, ele perdeu 45 kg antes de o médico dizer que ele precisava repor 9 a 13. Seguramente, perder peso foi uma parte importante para se tornar mais ativo no começo. Mas, perder peso, não manterá você correndo por aí pelo resto da vida.

Assim, qual seria o melhor jeito para perder peso e mantê-lo sob controle? Uma combinação de dieta saudável, corrida e caminhada, claro! Ela é eficaz, exequível, acessível para quase todos e divertida. E aqui está como isso funciona.

Primeiramente, vamos falar sobre calorias. A caloria é uma expressão da quantidade de energia necessária para mover certa quantidade de peso através de uma determinada distância e quantidade de tempo. A quantidade de calorias queimadas em qualquer situação é uma função do peso, da distância e do tempo.

Uma pessoa com o peso de 67 kg, queima em torno de 100 calorias, movendo esses 67 kg pela distância de quase 2 km. Portanto, para queimar 100 calorias, tudo o que essa pessoa precisa fazer é mover esses 67 kg em 2 km. Um quilo de gordura corporal é igual a 3.500 calorias. Assim, para cada 56 km corridos, tanto o homem como a mulher queima, aproximadamente, meio quilo.

Tenha em mente que esses são números estimados e não exatos. Se você pesa mais, queimará mais. Se pesar menos, queimará menos. Uma pessoa que pesa 90 kg queimará mais calorias correndo 5 km do que uma pessoa com 45 kg, porque e necessário mais energia para mover mais peso.

Por isso, por que correr quando você pode andar e ainda queimar calorias? Porque correr o leva do ponto A até o ponto B em menos tempo e com mais intensidade, de modo a queimar mais calorias do que quando caminha a mesma distância. Se você tem 40 minutos para se exercitar, nesse tempo poderá correr ou correr-caminhar 5 a 6 km, ou caminhar por 3 km. Um não é melhor ou mais divertido que o outro, e não é que caminhar seja ruim e correr seja bom. No entanto, se você está buscando maneiras de perder peso e acelerar seu metabolismo, mesclar correr e caminhar, ou correr continuamente, fará você chegar mais rapidamente e com maior queima de caloria.

Como exemplo, mencionamos Daniel, nosso amigo e corredor de elite, que quando se esforça, corre em uma velocidade tão rápida quanto 5 minutos por quilômetro, que significa, aproximadamente, 19 km ou 1.200 calorias por hora. Se Daniel corresse somente 5 horas por semana naquela velocidade, ele queimaria 6 mil calorias por semana. Isso seria quase 2 kg por semana de gordura corporal. Há alguma dúvida de que Daniel possa comer quase tudo e ainda ser magro?

Mas a maioria de nós não é como Daniel, e temos a sorte de correr em uma velocidade de 10 minutos por quilômetro e queimar cerca de 600 calorias por hora, ou 3 mil calorias em uma corrida semanal de 5 horas. Isso mal chega a meio quilo por semana. E se você for como nós, e está correndo e caminhando, até mesmo em velocidades mais lentas, a quantidade de calorias queimadas é ainda menor.

Entretanto, pelo lado mais insolente, se você não fez mudanças em seus hábitos alimentares e continuou comendo, bebendo e caminhando, ou correndo 14 km por semana, você poderá perder, em média, meio quilo por mês. Isso daria 5 kg até o próximo ano, sem ter que desistir de nada.

Essa é a chave para perda de peso e para mantê-lo baixo. Atingir um peso saudável é, não somente uma função do que sai, mas também do que entra. Alguns dos nossos parceiros de corrida gostam de dizer que correm e, por essa razão, comem. Sim, isso é verdade, nós podemos comer um pouco mais, porque corremos, mas também é verdade que podemos realmente consumir além das calorias queimadas na corrida e ganhar peso!

O perigo está em superestimar a quantidade de calorias queimadas e subestimar a quantidade de calorias consumidas. Isso não é justo e nós sabemos disso. É possível levar uma hora para queimar 400 calorias, mas você pode comer até 400 calorias em menos de 1 minuto!

A chave para o sucesso a longo prazo, perda de peso e manutenção é um equilíbrio entre o quão ativo você está disposto e capaz de ser, e como e quanto você quer comer. Para nós, isso significa encontrar igualmente uma estratégia para a alimentação e uma atividade, e depois misturá-las para criar uma rotina de alimentação/atividade permanentemente sustentável.

Frequentemente as pessoas têm interesse em saber como um homem de 43 anos de idade, fumante, beberrão e glutão conseguiu perder peso. Eu gostaria de ser inteligente o suficiente para dar uma resposta realmente boa, mas não posso. Portanto, vou apenas dizer a verdade.

Em primeiro lugar, comecei a me movimentar mais. Em vista disso, passei a andar de bicicleta e, por fim, caminhar e correr. Portanto, esses foram os primeiros passos em direção à perda de peso.

Além disso, também fiz algumas mudanças drásticas na minha alimentação. O meu gatilho alimentar era o açúcar. Os altos e baixos causados pelas enormes oscilações em meu organismo estavam me deixando maluco e, por esse motivo, me esforcei em eliminar o açúcar da minha dieta.

Então, por mais de 5 anos, medi cada grama de comida que ia para o meu prato, apesar de não ter ideia, naquela época, do que seria efetivamente uma porção. Sequer era capaz de imaginar se aquela tigela transbordante de cereal matinal significava muito ou pouco. E, de qualquer maneira, passei a pesar toda a minha comida, sem tentar adivinhar que peso ela teria.

Ao final daqueles 5 anos, ou um pouco mais, comecei a ter uma noção melhor sobre proporções de comida e tamanhos das porções, apesar de, ainda hoje, ter de ser cauteloso. Mas é muito fácil olhar para um desses pacotes gigantes de comida e me convencer de que é somente uma porção, apesar de eu saber que não é.

Agora vou fazer um rápido intervalo para uma honesta confissão: Jenny e eu amamos sorvete! E, algumas vezes, olhamo-nos, e um de nós diz: Preciso de um pouco de sorvete para sobreviver! Não há, simplesmente, como contornar isso. Portanto, nós tomamos sorvete.

Na verdade, não há um juiz dizendo que para ter um estilo de vida ativo e saudável teremos que desistir de sorvete pelo resto de nossas vidas. Isso não irá acontecer, porque pensamos que não vale a pena.

Por isso, não diga para você mesmo que ser um corredor significa desistir de todas as comidas que você adora, porque não funciona assim. O que você deve fazer é ter bom senso no que diz respeito às quantidades de comida. Ninguém realmente precisa comer um burrito tão grande quanto a própria cabeça, mas, provavelmente, todos nós precisamos comer um burrito de vez em quando.

Como você acredita que seja uma dieta bem-sucedida, bem-nutrida, com um programa de atividade para perda de peso e desempenho de corrida adequada? Essa não é uma pergunta tão fácil de responder porque, embora possamos dar algumas orientações, você terá que encontrar a receita certa para você. De qualquer maneira, indicaremos alguns itens que consideramos importantes:

1. **Esteja atento às calorias inúteis que você consome sem pensar:** Para alguns, elas são a lata de refrigerante. Para outros, aquelas rosquinhas gritando o seu nome na cafeteria. Observe bem o que você está colocando em sua boca, porque, seja o que for, irá para algum lugar, e as chances são de irem para a sua cintura ou quadris.

2. **Fique informado sobre o tamanho da porção:** Use pratos menores em casa, e quando for comer fora peça para ter a porção servida em um prato menor e leve o restante em uma embalagem para viagem. Um restaurante em Chicago serve uma tigela gigante de massa e a considera uma única porção. Nós medimos uma delas e descobrimos que cada tigela tem, na verdade, 17 porções. Saboreie comidas que têm um gosto bom, mas evite tratar cada refeição como se fosse a última.

3. **Comece o seu dia com um café da manhã balanceado:** Ele interrompe o jejum, dando ao seu corpo energia para correr durante toda a manhã, além de aumentar o nível de glicose no sangue, evitando os desejos por açúcar. O café da manhã é importante e saudável. Portanto, encontre um tempo para usufruir esse momento.

4. **Inclua lanches saudáveis ao longo do dia e entre as refeições:** O nível de açúcar no sangue despenca quando você fica várias horas sem comer, o que o faz sentir cansaço e desânimo. Para manter a energia durante todo o dia, evite pular refeições e procure não ficar com fome. Coma porções menores a cada 3 ou 4 horas, carregue lanches saudáveis com você, para evitar que coma calorias inúteis no último minuto. Evite os alimentos açucarados, que fazem o nível de açúcar no sangue subir incrivelmente e depois cair abruptamente.

5. **Preste atenção à alimentação de baixo nível persistente:** Pipoca no cinema e batatas fritas em frente à televisão nos tenta, e até que não vemos o

pacote vazio, não sossegamos Despeje a sua porção em uma tigela pequena, em seguida feche o pacote e guarde-o no armário.

6. Conheça os estimulantes do seu alimento: Para alguns, é o açúcar. Para outros, a gordura. Se John, por exemplo, comer uma rosquinha de manhã, você pode ter certeza de que ele buscará aquele prazer do açúcar durante todo o dia. Para o nosso amigo Pete, uma vez que ele tenha se deixado levar pelas comidas gordurosas e fritas, não há como parar. É muito mais fácil evitar seus vícios alimentares do que parar de comê-los, uma vez que tenha começado.

7. Coloque os bons alimentos em primeiro lugar: Todos nós sabemos que devemos comer um prato de alimentos coloridos: vegetais, frutas, grãos e proteínas magras. Siga a regra 80/20. Se 80% das vezes você come refeições bem balanceadas, 20% das vezes você pode aproveitar uma extravagância.

8. Pense no alimento como um combustível: Energize-se com alimentos benéficos e balanceados. Coma como um atleta e mantenha as refeições equilibradas com 60 a 65% das calorias de carboidratos complexos – grãos integrais, vegetais, frutas, 12 a 15% de proteína magra e 20% ou menos de gordura. Assim, as refeições vão se prolongar e reduzir o risco de desejos por carboidratos.

9. Certifique-se de que você pode enxergar seu alimento: Brócolis são bons. Brócolis cobertos com molho holandês? Não tão bons. Batatas assadas são boas. Batatas assadas cobertas por creme coalhado ou manteiga? Não tão boas.

10. Esteja consciente dos mitos relativos aos alimentos que você mais gosta, como: Cookies quebrados não têm calorias. Alimentos comidos de pé não têm calorias. Alimentos comidos do prato de outra pessoa não têm calorias. Você entende o que queremos dizer!

11. Descubra o que estimula o seu desejo por comida: Você está usando a comida para substituir o quê? Você come mais quando está sozinho? Quando está viajando? Quando está com os amigos ou com a família?

12. Mantenha-se hidratado: O nosso corpo consiste em aproximadamente 70% de água, uma porcentagem que é importante manter. Incorpore a água em sua dieta e inclua alimentos hidratantes como frutas e vegetais. Lembre-se de que o excesso de água pode ser tão perigoso quanto a desidratação. Você sabe que está bem-hidratado quando sua urina se parece com limonada, com uma cor amarelo-pálido. Se ela estiver escura, você precisa se hidratar mais. Se ela estiver clara, você está bebendo muita água.

13. Lembre-se de que todo dia você pode começar de novo: Escolher alimentos pobres, somente por um dia, não o condena pelo resto da vida. Se você cometer um erro, admita-o, aprenda com ele e esqueça-o.

14. Ninguém o conhece melhor que você: Ninguém pode dizer o que é melhor para você, o que não pode comer ou o que deve comer. Você tem que descobrir isso por si.

E se tudo o mais falhar, lembre-se do texto do nosso famoso livro não publicado: *Coma menos. Mexa-se mais!*

Dicas e truques da treinadora Jenny

- Evite pular refeições. Isso resultará quase sempre em alimentação de baixa qualidade, desempenho insatisfatório e sensação de desejos. Esteja preparado e organizado nutricionalmente. Você irá comer e se sentir melhor.
- Mantenha um diário do que você come. Isso ajuda a identificar melhor onde fazer as mudanças de dieta. Existe uma variedade de formas efetivas de rastrear combustível e atividade. Os diários online são ferramentas incrivelmente úteis, em que você pode localizar os alimentos, atividades e analisar a diferença. O que você está consumindo? Qual é a porcentagem de carboidrato, proteína e gordura? Quantas calorias você está queimando? Se quiser comer melhor para aperfeiçoar o desempenho ou perder peso, saber o que está comendo é o primeiro passo. Quando fiz isso, achei um pouco chato no início, mas logo fiquei aguçadamente atenta sobre o que eu estava colocando no meu corpo e o que precisava mudar.
- Lembre-se de que são necessários 21 dias para criar um hábito. Se a cada 3 semanas você muda um aspecto em sua alimentação e depois modifica mais alguma coisa, essas mudanças se tornam hábitos, exatamente como escovar os dentes. Por exemplo, adicione um vegetal verde à sua alimentação diária, mas evite tentar mudar tudo de uma vez. Se fizer isso em relação a exercício, você não seria capaz de mudar no dia seguinte!
- Identifique a sua necessidade de alimento, baseado em seu nível de atividade. Alguns de nós temos tanques de 38 litros, enquanto outros carregam 57 litros. Se tentarmos colocar 57 litros em um tanque de 38 litros, o corpo acaba estocando esse combustível extra como gordura.
- Tome cuidado com dietas rigorosas. Nosso corpo é bem equipado para sobreviver por dias, sem comida. Se estivéssemos no deserto, precisaríamos de água antes de comida. Se você pular refeições, seu corpo entende que não haverá comida e seu metabolismo vai pedir descanso. Se você começa e interrompe dietas continuamente, elas deixam de funcionar. A longo prazo, dietas drásticas diminuem o metabolismo e tornam os sistemas do corpo altamente ineficientes. Se você inicia e muda de dietas durante anos, pode precisar de um bom ano para impulsionar seu metabolismo para uma velocidade normal. Seja paciente com você e faça pequenas mudanças no decurso do tempo. Essa é uma possibilidade pouco menos intimidadora, mas uma estratégia bem-sucedida. Lembre-se que sempre há lugar para os prazeres, só que não todos os dias e intensamente.

16

Melhore a aparência, corra melhor

Pérolas de sabedoria do Pinguim

Cada novo par de tênis de corrida tem o potencial de desvendar algum lugar secreto. Cada par de tênis de corrida usado carrega as cicatrizes de uma alma curada.

Existe algo especial em relação ao tênis de corrida – tão especial que eu nunca uso os meus, a não ser para realmente correr.

Os meus tênis de corrida são como chinelos mágicos. Quando eu os coloco, sou transformado imediatamente na pessoa que serei, assim que começar a correr.

Os meus tênis de corrida são como tapetes mágicos que podem me carregar para lugares e experiências que estão além dos meus sonhos mais loucos.

Certa vez ouvi dizer que corrida é um esporte barato. Isso pode ter sido verdade nos anos 1970 e 1980, mas, com certeza, isso não é mais verdade nos dias atuais. Há o equipamento básico, como tênis, dispositivos técnicos e sutiãs esportivos – que são obrigatórios, mas também existem infinitas oportunidades para gastar dinheiro nesse esporte. Você deveria conhecer os nossos armários, sempre cheios dos mais recentes e melhores brinquedos tecnológicos e dispositivos interessantes.

EXPLORANDO O DEPARTAMENTO DE CALÇADOS

O corredor bem vestido precisa montar seu armário de baixo a cima, começando com os tênis. O par correto ajudará a prevenir ferimentos e irá apoiá-lo, quilômetro a quilômetro. Tênis apropriados para correr são mais do que calçados, porque é o equipamento mais importante que um corredor tem. Por essa razão, há muito a se considerar quando fizer compras de tênis de corrida.

Encaixando os seus pés

Como você viu no capítulo 9, saber como é o seu peito do pé é o primeiro passo para se decidir sobre um tênis. Os tênis geralmente se enquadram em poucas e grandes categorias, mas não se preocupe com o nome de determinado tipo de tênis ou em qual categoria o fabricante o classifica. Preocupe-se somente com as suas necessidades.

Os tênis mais simples se chamam *tênis básicos*. De modo geral, esse é um tênis do final da lista de escala de preços e o que possui menos recursos. Isso não significa que seja um tênis ruim. Na verdade, tênis neutros básicos talvez sejam os melhores para você. Um preço mais alto não garante um tênis melhor.

Um tênis neutro, em geral, tem o solado de apenas uma cor – tipicamente branca. Se você tem um pé comum com um peito de pé normal, é bem provável que possa usar um tênis bastante neutro. De fato, um conselho: Nunca compre mais tênis do que você precisa!

Tênis com pouco apoio no lado interno do solado são chamados de *tênis de balanceamento.* Provavelmente, 75% de todos os corredores e caminhantes podem ter um par decente de tênis de estabilidade. Mas, não é porque uma marca define seu calçado como tênis de balanceamento, que ele servirá para você. O tênis tem que se amoldar aos seus pés.

Geralmente, os tênis de balanceamento têm dois solados coloridos, cuja extremidade externa é quase sempre branca, e a extremidade interna, começando no calcanhar ou logo dentro dele, de cor cinza-escuro. Diferentes empresas de tênis usam materiais variados, mas os resultados são os mesmos. Tênis de estabilidade previnem seus pés de virarem para dentro, ou de se inclinarem demais ou muito rápido.

Os tênis mais estáveis são chamados de *controle de movimento.* Eles são projetados para controlar o movimento do pé, à medida que você completa o movimento da corrida ou da caminhada. Além do solado de material mais denso encontrado em um tênis de balanceamento, um tênis de controle de movimento tem outra estrutura que evitará que seu pé vire para dentro. Essa pode ser uma ponte de plástico no peito do pé, ou matéria plástica no calcanhar interno. Não importa. Todos os sistemas têm a mesma meta.

Os tênis menos estáveis são chamados de *tênis amortecedores.* Eles parecem ótimos na loja e ao dar alguns passos pela calçada. Você sentirá como se tivesse colocado travesseiros sob os seus pés. É tentador acreditar que o amortecimento é o que você quer e precisa. De fato, o tênis altamente amortecido é um convite para ferimentos, porque ele oferece suporte mínimo para as partes do pé que sofrem mais impactos.

O que distingue uma empresa de tênis de outra é principalmente o material ou o sistema que ela oferece: o amortecimento, o balanceamento e o controle de ar, termo-plástico ou gel. A maioria das empresas de tênis possui uma linha completa, oferecendo algo para todos. O melhor tênis é o que apoia perfeitamente o seu pé e é confortável.

Encontrado o encaixe perfeito

Os tênis de corrida e caminhada nem deveriam ter tamanhos. Os fabricantes não chegam a um consenso entre eles, sobre o que é um tamanho 40, por exemplo, e também não entram em acordo, no que diz respeito as suas próprias linhas de produtos. Assim, não peça pelo tamanho que você usa desde o colégio imaginando que servirá, pois isso não vai acontecer.

Você tampouco pode escolher um tênis, baseado em seu comprimento total. O anúncio "se o tênis serviu, use-o", não tem lugar em um programa de corrida de longa distância. A medida crítica não é o comprimento total do tênis, mas o do peito do pé, ou seja, a distância entre o calcanhar e a bola do pé.

O seu tênis de corrida tem que se moldar ao peito do pé, e não especificamente ao seu pé. Há pessoas, John, por exemplo, que tem o peito do pé longo e os dedos curtos. O que aconteceu foi que, durante quase 5 anos, ele comprou o número errado. O perigo em ter o tamanho errado é que o tênis não articulará ou dobrará nos mesmos lugares que o seu pé requer.

A largura do tênis também deve ser considerada. Se, como John, você tem o pé chato, precisará encontrar tênis que são largos o suficiente para acomodar o seu pé. Você também terá de considerar o volume do seu pé. Se você tiver um pé cheio, do topo ao fundo, vai precisar de um tênis com espaço para os dedos, para permitir que o seu pé se mova, sem formar bolhas.

A melhor maneira de determinar qual tênis é o melhor para você é fazer compras em uma loja especializada em corrida, onde os funcionários são treinados para encontrar os tênis adequados para você, e que sirvam para o seu tipo de pé e estilo de corrida.* É válido o investimento de tempo e dinheiro. Uma loja de corrida profissional deve perguntar ao cliente sobre a frequência com que ele corre, e por quanto tempo. Também deve investigar se ele tem ferimentos ou dores durante ou depois das corridas, e se está treinando para algum evento. Se você tem algum tênis que tenha usado somente para correr, leve-os até a loja, porque serão uma boa referência para o que você tem usado e como o tênis tem calçado.

Os funcionários devem fazer com que você experimente uma variedade de tênis e, se possível, observe você correndo um pouco, mesmo dentro da loja, para se certificar de que o tênis tem capacidade de oferecer apoio apropriadamente. Provavelmente você encontrará muitas marcas que lhe sirvam. Fique com a que se sentir melhor. Outra observação é que você não deve comprar os tênis pela cor. Só porque um par combina com a sua nova vestimenta de corrida, não significa que ele combinará com o seu tipo de pé.

Tênis, como pneus de carro, ficam obsoletos com o tempo. As solas externas perdem sua ranhura, o solado interno perde o amortecimento e o balanceamento, e mesmo o tênis em si perde seu contorno e forma. Quando? Nós não podemos afirmar com exatidão. Por fora, mesmo os melhores tênis não duram mais do que 6 meses. No primeiro sinal de alguma dor, presuma serem os seus tênis e troque-os imediatamente. Mantenha anotado em seu diário a quilometragem que você percorreu com os tênis. Assim, você poderá determinar exatamente quantos quilômetros pode concluir por par de tênis.

Substituição de palmilhas e *orthotics*

Um dos mais mal guardados segredos no mundo da indústria de tênis de corrida e caminhada é que você paga por um par de tênis de última tecnologia e ainda consegue uma palmilha ou meia de qualidade inferior. Nenhuma empresa de tênis parece querer investir em qualidade de solas internas. Existem poucas exceções, mas, em geral, até ótimos tênis têm solas internas ruins.

* A definição do tênis mais confortável ao corredor pode também ser feita em uma clínica ortopédica, onde o médico irá avaliar outras forças que definem o tipo de pisada e suas tendências quanto ao movimento específico da corrida. (N.R.T.)

Felizmente existem inúmeras excelentes opções disponíveis no mercado de palmilhas, nas prateleiras, ou feita sob medida. Bons produtos podem ser encontrados na maioria das lojas especializadas em corrida ou esportes ao ar livre. Essas são maneiras excelentes de transformar um tênis muito bom em um tênis perfeito.

Entretanto, solas internas não são a saída para estender a vida de um par de tênis e, além disso, o material do qual os tênis são feitos ficarão desgastados. Colocar um par de solas internas macias em um par de tênis usados é a receita para um desastre.

Escolhendo meias

Vamos começar com a única regra absoluta sobre meias: Algodão mata. Aquele par de meias de algodão favorito que seus filhos lhe deram de aniversário talvez seja bom para um jogo casual, mas eles vão arrasar seus pés aos poucos enquanto corre.

Algumas pessoas gostam de meias grossas. E tem empresas que oferecem uma linha completa de meias que são bem protegidas no calcanhar e nos dedos. Outras pessoas gostam de meias bem finas. E há empresas que produzem uma linha de meias finas excelente. Existem ainda as meias com proteção para os dedos, que parecem algo saído do seriado *Mork & Mindy.** Elas são engraçadas, mas os corredores de trilha adoram, porque elas previnem bolhas nos dedos.

Departamento feminino: sutiãs esportivos

Nunca subestime o poder de um sistema de apoio. Eu me lembro que no início dos anos 1980, sutiãs esportivos eram algo que você projetava. Os sutiãs antigos eram sutiãs esportivos: Você poderia suar neles e não se preocupar em estragá-los. Eu preciso mencionar que eles realmente não funcionavam tão bem assim? Não foi antes de eu provar o meu primeiro sutiã esportivo que entendi porque eu precisava de um, apesar de aquele primeiro também precisar de alguma ajuda. Eu o chamo de "unisutiã", porque ele era tão técnico quanto enrolar os seus seios com uma única faixa. Atualmente existe uma variedade de sutiãs para atender à sua intensidade de exercícios, de baixo a alto impacto. Quanto maior o nível de impacto de seu esporte, seus seios precisarão de mais apoio.

---

* Seriado de TV estrelado por Robin Williams, que narra a história de um alien que veio para a Terra. O seriado foi exibido de 2006 a 2008 no canal pago Nickelodeon. (N.R.)

Experimente diferentes estilos para encontrar qual você gosta mais. Um bom sutiã esportivo deve ser confortável, ficar no lugar e não aquecer com o atrito. As alças não devem cavar os seus ombros, e a faixa em volta da região baixa do peito não deve afrouxar, nem apertar.

Dê pulos, corra no lugar e dance com os braços lado a lado, para verificar o que está bom, confortável e firme quando você está em movimento. Tenha em mente que para oferecer apoio, um bom sutiã esportivo deve se encaixar mais firmemente do que um sutiã lingerie, mas não deve restringir os movimentos tampouco a respiração.

Procure por tecidos sintéticos que permitam a transpiração, absorvam a umidade e tenham um elástico que sustente gentilmente, porque eles ainda ajudam a minimizar o atrito. Fique longe de algodão e de qualquer sutiã esportivo com zíper ou costuras ásperas. Apesar de estiloso, ele tem o potencial de causar arranhões e ainda ficar com o zíper aberto.

Basicamente existem dois tipos de sutiãs esportivos: o top, sem divisão para os seios, e o de fecho nas costas. Sutiãs tipo corpete, normalmente são para corredoras que vestem tamanhos menores, como o PP e o P. Para os tamanhos maiores, os tops serão apenas de suporte suficiente para exercícios de baixo impacto, como caminhada ou spinning. Sutiãs esportivos de fecho nas costas, geralmente estão disponíveis em tamanhos M, G e GG. Eles também têm alças ajustáveis nos ombros, para acomodar seios de tamanhos e volumes variados.

Estatísticas mostram que muitas mulheres vestem o número errado de sutiã esportivo. A seguir está um guia com as medidas corretas desse tipo de sutiã. Use uma fita métrica enquanto vestida com um sutiã lingerie comum, e não um sutiã esportivo que você acredita que lhe caia bem.

1. Meça o elástico em volta da sua caixa toráxica, logo abaixo dos seios. Certifique-se de que a fita métrica está estirada e plana em toda a volta, não mais baixa na frente ou nas costas.
2. Adicione 8 cm à medida da sua caixa toráxica e terá o tamanho da sua medida da faixa.
3. Então meça ao redor da parte mais cheia do seu busto, mantendo a fita estirada em toda a volta do seu corpo.
4. Subtraia a medida da sua faixa da medida dos seios e verá que a diferença determina o tamanho do encaixe dos seios.

Uma vez encontrado o sutiã esportivo correto, é importante tomar os devidos cuidados para conservá-lo. Coloque-o na máquina de lavar, no ciclo lavagem delicada, e sempre o estenda para secar. Máquinas de secar acabam com a elasticidade e o suporte do material.

Tenha leggings curtas e collants

Vamos começar com a única regra absoluta sobre irritação de pele: qualquer coisa que friccione, irritará. A batalha de John com o "clube da fricção" está bem documentada. Ainda que ele ponha uma camada de lubrificante tão espessa quanto cobertura de bolo, suas coxas produzem faíscas antes do final do primeiro quilômetro.

As duas categorias gerais de shorts são tradicionalmente de corrida e de compressão, para ciclismo. Decidir qual estilo você deseja usar é mais uma questão de preferência pessoal, seu nível de modéstia e as terríveis irritações, antes mencionadas.

A vantagem dos shorts de corrida tradicionais é que eles tendem a ser mais frescos e, consequentemente, mais confortáveis. Pares modernos têm uma cueca de tecido wicking* e short externo de microfibra. Os bons não são baratos, mas valem cada centavo, se mantiverem você confortável nas suas corridas.

A vantagem dos shorts de compressão é que eles eliminam o atrito e também fornecem alguma medida de suporte para as suas coxas. No entanto, é possível que algumas pessoas não os achem tão charmosos. Eu tenho certeza de que o fabricante que inventou o spandex** não tinha muito quadril, nádegas e coxas.

A questão que nunca é respondida, porque ninguém tem coragem de perguntar, é sobre o que se usa sob os shorts de compressão. Apesar de a resposta não ser chocante, o fato é que algumas pessoas não usam nada, enquanto outras vestem algum tipo de roupa íntima. Use o que for mais confortável para você.

Uma solução para a controvérsia dos shorts é usar ambos. Alguns corredores, como John, pegam um velho shorts de corrida, cortam a linha regular e em seguida vestem aqueles shorts por cima de um shorts de compressão.

---

* Tipo de tecido fino que proporciona rápida secagem do suor e controla a umidade. (N.E.)

** Fibra leve que se parece com a borracha em termos de durabilidade. Tem uma boa elasticidade e é de fácil recuperação, além de ser resistente à luz solar. Misturado a outras fibras, fornece elasticidade às roupas de banho e de ginástica. Disponível em: <http://casa.hsw.uol.com.br/como-limpar-tecidos-sinteticos.htm>. Acesso em: 22 set. 2009. (N.E.)

Jenny prefere algo mais "sedutor", com flores ou estampas bonitinhas. Ela acredita que as mulheres querem algo mais comprido, para cobrir os quadris e coxa, sem perder a beleza. Atualmente existe uma variedade de shorts para escolher. Conforto e funcionalidade ainda vêm em primeiro lugar, embora tenhamos uma grande seleção. Afinal, o que é treinar sem uma ótima vestimenta?

Quanto a mudar dos shorts para os corpetes de ginática, ainda é uma decisão muito pessoal, porque pode estar bastante frio antes de suas pernas ficarem resfriadas, durante uma longa corrida ou caminhada. Mais do que se pode imaginar, você estará melhor de shorts. A temperatura basal do seu corpo aumentará à medida que corre e faz a sensação térmica de 9 a 6ºC negativos parecer mais quente.

Tops e jaquetas que caem bem

As três categorias de tops são: camisetas sem mangas, de mangas curtas e de mangas compridas. Assim como as meias, a única regra é: Algodão mata. A sua camiseta favorita não é a camiseta perfeita para treinamento, e o vestuário correto terá um grande impacto sobre o conforto de suas corridas.

Cada fabricante tem o seu nome próprio para o seu tecido sintético, como por exemplo, Dri-fit ou Drylete, mas é justamente uma maneira de dizer que o material é um tecido fabricado em poliéster, projetado para absorver a umidade do corpo. Essa absorção é importante no tempo quente e também frio. No calor, você quer que o suor fique longe da sua pele e fora da superfície do material, onde ele possa secar. No frio, você quer que o suor vá para longe da sua pele e para a camada mais externa, para que fique aquecido e seco.

Seu gosto pessoal e modéstia indicarão que tipo de top o deixa mais confortável. Com os tecidos sintéticos, não há muita diferença entre uma camiseta sem mangas ou com mangas curtas. A melhor opção depende do que você sente que veste melhor.

A decisão sobre quando usar uma camiseta sintética de manga comprida é um tanto parecida com a decisão sobre quando usar corpetes, e é baseada no seu nível de conforto e tolerância ao frio. John tende a usar camisetas de mangas compridas, mesmo em temperatura ambiente, porque é o que o deixa confortável. O segredo é experimentar suas roupas durante o treinamento e fazer anotações no seu diário, para escolher a vestimenta de corrida mais apropriada para várias condições climáticas.

Jaquetas sintéticas são feitas de materiais à prova de vento e água, ainda que transpiráveis. O maior propósito delas é manter do lado de fora o vento, a chuva e a neve, e deixar seu corpo respirar, de modo que a umidade não penetre no tecido. Uma boa jaqueta de corrida durará por vários anos, a menos que você prefira trocá-la por um estilo mais da moda.

A cada inverno, Jenny chama mais alguns novos corredores para a corrida ao ar livre, durante o inverno. Inicialmente, eles a olham como se ela fosse louca. Mas, uma vez familiarizados com os instrumentos técnicos, como jaquetas, corpetes, tops e com o pouco que eles precisam usar para permanecer aquecidos, eles se convencem.

Chapéus, faixas de cabeça e mais

Correr no inverno requer um chapéu ou faixas de cabeça, dependendo do seu corpo, do vento frio e da temperatura. Nos dias mais frios, vista um chapéu de lã ou wicking, para evitar a perda de um calor precioso pela cabeça.

A vovó estava certa. Quando a gente saía para andar de trenó, ela berrava: cubram as cabeças ou ficarão gripados! Ela não sabia que se pode perder até 40% do calor do corpo pela cabeça, mas compreendia que os chapéus iriam nos manter aquecidos. Se você não usa um chapéu, seu corpo terá de mudar a marcha para manter você aquecido, em vez de focar em movê-lo para frente.

Todo mundo tem um termômetro interno diferente. Jenny coloca uma faixa em sua cabeça, quando a temperatura é mais fresca, e um chapéu de lã, quando é mais fria. Os chapéus mantêm você mais aquecido e são próprios para temperaturas mais frias, enquanto as faixas de cabeça cobrem apenas as suas orelhas e funcionam melhor em temperaturas frescas. Se você mora em um país de clima frio ou irá competir em um, descubra qual é a escala de temperatura e use um chapéu ou faixa de cabeça quando for preciso.

Para os dias mais frios, você pode usar um protetor, que cobre a sua cabeça e pescoço, e se parece com algo tirado do filme do Batman. Você pode parecer um pouco estranho, mas evitará ficar com o rosto congelado.

Chapéus de corrida sintéticos se parecem com os capacetes de basebol, mas são feitos de tecido que mantém a sua cabeça fresca nas corridas mais quentes. Eles são ótimos para dias de chuva, e podem ainda proteger sua cabeça e o rosto do sol.

Você pode dizer de imediato quem são os corredores de elite em uma competição no frio, porque eles são os que estão competindo de shorts, camiseta e luvas. Mesmo que faça muito frio, eles sempre usam essa mesma vestimenta. As luvas são vitais para o inverno e um simples par são o truque. Jenny prefere as luvas, como uma barreira do vento, porque suas mãos ficam extremamente geladas quando ela corre.

Os segredos de Jenny para sobreposição

Vestir-se para ginástica em tempo frio pode ser confuso. A melhor maneira de conseguir isso é se vestir em camadas. Dessa forma, se você ficar super aquecido, pode tirar uma camada e continuar se movendo.

Nos primeiros dias de tempo frio, é fácil se vestir em excesso. Eu me lembro do primeiro dia de um programa de treinamento de inverno, no qual treinei novos corredores. Fazia 7ºC, e todos estavam em pé, atrás de mim, com chapéus, luvas e grandes jaquetas volumosas, prontos para uma tempestade de inverno severa. Na verdade, eles estavam vestidos demais, e no primeiro quilômetro, camadas começaram a ser tiradas e voavam por toda parte do caminho.

Uma maneira fácil de determinar se você está vestido em excesso é usar o "teste do ar livre". Vista-se de maneira a sentir frio, quando você caminhar ao ar livre para os exercícios. Se estiver aquecido antes de começar, você ficará muito quente e se arriscará a ficar aquecido demais durante o exercício. Você não precisa usar tanto quanto possa pensar. Geralmente você deve se vestir como se a temperatura fosse mais quente do que a temperatura momentânea, porque isso contará para o aumento da temperatura do corpo, enquanto se move.

Use acessórios

Correr pode ser um esporte barato: um par de tênis que calçam bem, meias, um sutiã esportivo, um top, shorts e você está pronto para ir. Mas se quiser se equipar, estas dicas extras talvez sejam de seu interesse.

O relógio básico

Em algum ponto da sua carreira de corredor, você vai querer um relógio de corredor. Eles não são muito caros e vêm com uma variedade de funções.

Se você está correndo e andando, um relógio que tenha, no mínimo, dois intervalos de contagem regressiva pode ser bom. A mágica é que você pode marcar as contagens para os intervalos da sua corrida e dar o início. O alarme tocará em cada intervalo, assim você sabe quando correr e quando andar. Além disso, encontre um relógio que tenha um cronômetro para registrar o tempo total da corrida, voltas/tempos para guardar quilometragens e um grande visor para que você possa ver enquanto corre.

Monitores de batimento cardíaco

Monitores de batimento cardíaco medem o batimento do seu coração. Eles vêm com uma tira que deve ser colocada ao redor do tronco e um relógio que fica no seu pulso. A tira do peito manda um sinal para o relógio, dando-lhe retorno instantâneo sobre como está o seu coração. Monitores de batimento cardíaco são ferramentas valiosas de treinamento para um corredor, especialmente para aqueles que adoram números.

Existem muitos monitores de batimento cardíaco no mercado. Os fabricantes fazem uma variedade, desde o modelo mais básico, que simplesmente informa que você está vivo e que seu coração está batendo por alguém, até modelos com diversas funções, informando o batimento do seu coração, ritmo, distância e quando você deve ligar para casa para dar um alô.

O modelo certo de monitor é uma escolha bastante pessoal. Se você não está interessado em toda a magia técnica, então não faz sentido pagar o dinheiro extra. Se você gosta de ser distraído por uma variedade de informações, não há razão para não ficar com um dos modelos top de linha.

Então, mais uma vez, você pode ser como eu, e não ser capaz de escolher. Eu tenho dois monitores que uso regularmente. Um é modelo quase básico, que não faz nada além de me permitir estabelecer os meus batimentos mais altos e mais baixos, e me sinaliza com um bipe. O outro tem um sensor receptáculo, que fica no meu tênis e diz o quanto estou me movendo em distância e velocidade, mas com o monitor de batimento cardíaco para que eu possa comparar a minha velocidade com os meus esforços.

Monitores de velocidade e distância (MDVs)

O primeiro dia em que utilizei o meu monitor de velocidade e distância, senti-me da mesma forma que uma criança com uma bicicleta novinha em folha na escola. Um monitor de velocidade e distância informa a sua velocidade atual de corrida, distância, tempo e até calorias gastas. Ele é, de longe, o brinquedo de corrida mais divertido que há por aí, fazendo com que os dias de monitorar sozinho o seu percurso de corrida estejam obsoletos.

Não há mais necessidade de usar a calculadora para descobrir sua velocidade. MVDs lhe dão o resultado instantâneo de corrida. Você pode alterar a sua velocidade com o tempo e não há mais espera para alcançar a marca de 1 km, para ver o quanto você está indo rápido. Definitivamente, você pode aprender como correlacionar esforço com velocidade e ritmo, porque um MVD é uma excelente ferramenta de treinamento e o dispositivo perfeito para aficionados por tecnologia como nós.

Pacotes de hidratação

A hidratação é importante para as corridas que duram mais de 45 minutos. Você pode levar os seus líquidos com você, em um pacote de hidratação. Alguns vêm com várias garrafas menores, o que é legal, porque você pode colocar uma bebida esportiva em uma delas e água na outra. Outros pacotes incluem uma garrafa. Se você está correndo por 1 hora ou mais e não tem acesso a líquidos no percurso, é sábio treinar com um pacote de hidratação.

Parafina

Esse é um item obrigatório para o corredor que tem problemas de pele, especialmente irritação por atrito, como John e Jenny. Você esfrega a parafina como desodorante, e ele forma uma camada de lubrificação para prevenir fricção e irritação.

Correndo com segurança

É importante ser visível e carregar um cartão de identificação quando você for correr. Existe uma variedade de roupas refletivas e luzes que você pode usar para ficar visível nas estradas, quando está escuro. A maioria dos tênis de corredores, bem como os equipamentos, são refletivos. John e Jenny usam capacetes e luzes traseiras, para precaução extra. Também é uma boa ideia ter um cartão de identificação com você. Postos em estradas fazem um cartão de identidade, adaptado para corredores, que se encaixam em seus tênis. Eles são não somente informativos e fáceis de encontrar, mas também são discretos e não o incomodarão.

Dicas e truques da treinadora Jenny

- Comece com um par de tênis de corrida sob medida, meias e dispositivos técnicos.
- Registre os quilômetros que você corre com os seus tênis e os substitua a cada 560 a 800 km, ou quando eles derem sinais de deterioração.
- Prefira tênis de trilha, se você corre *off-road* ou em terrenos irregulares. Eles proporcionam tração e durabilidade extra.*
- A essa altura, passe direto pelos tênis retos de corrida, porque eles são para a elite ou corredores muito velozes que estão acostumados a correr com pouco ou nenhum apoio, amortecedor ou estabilidade.
- Use os seus tênis de corrida apenas quando for correr.
- Use dispositivos à prova d'água e de vento, nos meses mais frios, e os mais leves e luminosos nos meses mais quentes.
- Lubrifique-se. O que pode desgastar, vai desgastar.

* Compre seus tênis em empresas idôneas para não correr o risco de adquirir calçados falsificados e, invariavelmente, confeccionados com material duvidoso. (N.R.T.)

SEÇÃO V

Correndo por sua vida

17

Tornando-se seu próprio treinador

Pérolas de sabedoria do Pinguim

Às vezes é difícil dizer a diferença entre estar em uma caverna e seguir uma rotina. Correndo sem esforço ao longo de um caminho conhecido, é difícil imaginar porque nós sempre deveríamos fazer qualquer coisa diferente. Mas deveríamos.

Há dias em que ser um corredor parece a coisa mais fácil que existe. As minhas pernas são fortes, meus passos firmes e a minha respiração ritmada.

Depois, há dias em que ser um corredor parece um obstáculo impossível de vencer. Cada passo é um lembrete doloroso de quanto sou um improvável atleta.

A luta é para encontrar um ponto de equilíbrio entre o empenho constante e a falta de esforço. É somente aí que a sua corrida verdadeiramente floresce.

Você conhece a sua história pessoal e como condicionar seu físico de forma inteligente. Você sabe como o corpo funciona e que precisa ser paciente para se tornar um corredor. Também sabe o que comer para abastecer seu corpo, e até mesmo para perder peso. Você sabe como se alongar para prevenir ferimentos e se exercitar para fortalecer a sua base, de maneira que possa correr por uma vida inteira. Então, agora, vamos falar sobre treinamento: qual programa você deve seguir, como deve começar e como deve progredir.

Como treinadora de corrida, tenho desenvolvido muitos programas de treinamento especializados. Este capítulo explica os 12 programas separados e únicos para começar sua carreira de corredor. Existem 5 programas para transmitir o aprendizado da corrida, ou mesmo para a participação em sua primeira corrida de 5 km. Há também 4 programas de treinamento para 10 km, que mostram a você como treinar para correr por 1 hora ou mais, e 3 programas para correr e perder peso.

Os programas são desenvolvidos progressivamente, para que, à medida que você tenha completado um, possa avançar para o próximo. Digamos que você começou com 5 km, no Programa de Treinamento Caminhar-Correr. Quando você terminar as 10 semanas de treinamento requisitado para esse programa, será capaz de progredir para 5 km Correr-Caminhar, e assim poderá mudar o balanceamento do seu exercício mais em direção à corrida. Você também pode decidir seguir o Programa de Treinamento de 10 km Caminhar-Correr, de modo a cobrir mais quilometragem por exercício. Do mesmo modo, pode descobrir que ama o programa que escolheu e decidir não fazer nenhuma alteração nele. O legal a respeito desses programas é que eles são flexíveis e totalmente acessíveis aos mortais corredores e, da forma que o fizer, você certamente irá se divertir.

Os programas de 5 km são desenvolvidos para as pessoas iniciantes na corrida que querem treinar para correr-caminhar 30 minutos, 3 a 4 vezes por semana. Você pode usar o programa simplesmente para aprender a correr, ou para treinar para a sua corrida de 5 km, e a decisão será completamente sua. De ambas as formas, até o final de 10 semanas, você acrescentará mais 30 minutos, várias vezes por semana. E é isso o que importa!

Os programas de 10 km continuam onde os de 5 km o deixaram. Eles progridem em distância e frequência, enquanto prepara você para correr ou correr-caminhar durante 60 minutos ou mais. Esse é o passo seguinte, lógico, depois do programa de 5 km, e uma ótima maneira de estabelecer a sua quilometragem de corrida também. Isso ainda preparará você para correr uma prova de 10 km.

Os programas de perda de peso são direcionados àqueles que querem combinar corrida com perda de peso. A quilometragem é mais baixa, mas a frequência é mais alta. Como treinadora, descobri que a maioria dos corredores que saem por aí – mais frequentemente durante a semana – e realmente mantêm um controle do que comem, perdem mais peso.

Muitos corredores acreditam que participar de maratona é a melhor maneira de perder os gramas extras, mas isso não é verdadeiro. Principalmente porque as corridas de maratona exigem que você se abasteça, para uma recuperação adequada. O resultado é que você se sente faminto na maior parte do dia.

O outro detalhe para uma perda de peso e corrida bem-sucedidas é seguir um excelente programa alimentar, no qual você é apoiado semana por semana, para manutenção do registro das calorias que entram e saem. Vários de meus clientes corredores perderam entre 11 a 45 kg, fazendo uma combinação da corrida com re-educação alimentar. Esse é um ótimo casamento e uma estratégia bem-sucedida. É difícil perder peso somente cortando calorias. Também é um desafio perder peso somente com exercícios. Juntos, corrida e uma dieta balanceada, formam uma dupla dinâmica. O bônus dessa estratégia é que ela lhe ensina a equilibrar a alimentação e a corrida pelo resto da vida.

Os horários dos programas são de segunda-feira a domingo e são projetados para treinar músculos específicos, assim como o sistema cardiovascular sequencialmente. Dias de treinamento são estrategicamente misturados com dias de descanso e *cross-training*, para permitir adaptação e recuperação máximas. Portanto, a sequência de exercícios dia a dia é tão importante quanto a intensidade e a duração. Se você precisa modificar seus exercícios, é muito importante manter a ordem dia a dia. Os exercícios podem ser adaptados, mas é crucial que você mantenha a sua sequência.

Eu tenho dedicado muitas horas adaptando exercícios para corredores e caminhantes, para encaixá-los em seus estilos de vida ocupados. Você pode descobrir que é mais fácil completar seu exercício com maior duração no final da semana, porque você trabalha durante a semana. Você pode precisar trocar os exercícios de corrida de um dia para o dia seguinte. Não há problema, desde que você mantenha a sequência.

Os programas progridem com segurança, ao longo do tempo, e dessa forma você nunca irá se arriscar por fazer demais ou antes da hora. O segredo para o sucesso é seguir o programa e evitar dedicar-se além dele, porque você está animado. Isso é especialmente verdade para o tipo A de corredores. A maneira mais rápida de ter lesões é dedicar-se a esses programas.

Naturalmente, todos se adaptarão de forma diferente. O truque é identificar o melhor programa para começar e prestar atenção em seu corpo. Como já mencionamos, você precisa começar avaliando onde está agora, em relação às suas metas, para determinar onde você quer estar no futuro. Você pode começar com o Programa de Treinamento de 5 km Corrida-Caminhada e perceber que em 2 semanas seu corpo está todo dolorido. O que isso significa? Muito provavelmente, a corrida-caminhada está sendo exigente demais e você então precisa começar com uma caminhada-corrida.

Para todos aqueles que estão se exercitando regularmente, mas ainda não estão correndo, ótimo! Bem-vindos ao mundo da corrida. Lembre-se de que, no entanto, só porque você está em forma e fazendo outras atividades, não significa, necessariamente, que você pode começar com um programa de corrida de maneira bem-sucedida. É tudo uma questão de adaptação ao impacto das forças da corrida. O seu sistema cardiovascular está radiante para começar, mas seus músculos, tendões e articulações precisam começar do início.

Agora é a hora de analisar os resultados do Formulário de Histórico Pessoal, que você completou no capítulo 3, e juntá-lo ao programa que faz mais sentido para você. Apesar disso parecer fácil, existem muitas variáveis para revisar, enquanto a decisão é tomada. Para ajudá-lo no processo, nós escolhemos alguns inventários de participantes e os programas de treinamento que eles estão usando. Tudo o que você tem que fazer é combinar seu inventário pessoal com um dos seguintes participantes.

Programa de Treinamento de Caminhada – 5 km

Conheça Lynn

Lynn estava ansiosa e motivada para aprender a correr. Ela queria desesperadamente correr uma prova local de 5 km para beneficiar a Sociedade Americana do Câncer, isto é, até olharmos para o seu histórico de saúde e regime de ginástica. Ela foi sincera em admitir que não se exercitava há anos, e que, na última vez que o fez, na melhor das hipóteses, foi esporadicamente. Lynn tem 45 anos de idade, com um histórico de dor nas costas e joelhos. Eu a informei que o inventário era comum e que havia um jeito de modificarmos estrategicamente as suas metas.

Lynn começou humildemente com um Programa de Treinamento de 5 km e já completou a sua primeira corrida. Ela também progrediu para o Programa de Treinamento de 5 km Caminhada-Corrida e planeja participar de outra corrida beneficente no futuro. A sua meta é continuar no programa de corrida-caminhada e, eventualmente, treinar com o programa de corrida para poder completar a distância de 5 km. Ela está bem em sua trajetória porque começou devagar e sabiamente.

Você pode ter a necessidade de começar em um lugar diferente do que talvez tenha suposto. Tudo bem, porque, no final, como Lynn, você progredirá sem sabotar o seu sucesso ou o seu corpo.

O Programa de Treinamento de Caminhada é perfeito para começar, se você tem uma história de lesões, está alguns quilos acima do peso ou tem estado inativo por meses. Você pode querer caminhar, porque gosta de esportes. Também pode escolher caminhar, objetivando correr. De qualquer forma, caminhar é um bom ponto de partida.

PROGRAMAS DE TREINAMENTO CAMINHAR-CORRER

Conheça Bob

Bob tem caminhado 2 ou 4 vezes por semana, durante 30 minutos, nos últimos 10 meses. Ele não apresenta lesões ou dor, mas agora está sem motivação. Ele ama os benefícios da caminhada, mas quer se dedicar mais à variedade e desafiar a si. Por isso ele decidiu se inscrever e treinar para duas competições: uma de 5 km e outra de 10 km. Bob não quer, necessariamente, correr com continuidade, mas quer fazer os exercícios mais desafiadores, combinando caminhada e corrida. Ele tentou correr, mas a cada tentativa seus esforços resultaram em respiração difícil, frustração e algumas palavras motivacionais.

Bob tem 50 anos de idade e é saudável, com uma base sólida de minutos de caminhada. Ele podia focar em caminhada rápida, mas quer trabalhar a corrida no seu regime, de forma espaçada. Nós dois concordamos que o Programa de Treinamento de 5 km Caminhar-Correr é o melhor lugar para ele começar.

Bob já está há 6 semanas no programa caminhar-correr e está adorando. É o melhor dos dois mundos: é desafiador e inclui uma proporção de minutos de caminhada, mais do que de corrida. Ele está altamente motivado e progredindo bem. Bob está ansioso para completar os 5 km e o fará com o inteligente sistema caminhar-correr. Seu plano é continuar com o Programa de Treinamento de 10 km Caminhar-Correr, e aumentar a sua quilometragem, velocidade e distância.

Esse programa é uma ótima estratégia para caminhantes desejosos de correr. Ele pode servir também de programa progressivo para caminhantes que querem melhorar sua velocidade ou dedicar-se ao elemento desafio. Caminhar-correr é uma maneira divertida de treinar e competir. Ele é mentalmente estimulante, pois você tem que alternar caminhada e corrida, ao longo da duração, e porque desenvolve um grande grupo de musculatura que sustenta as duas modalidades. Ele também queima mais calorias do que apenas caminhar.

Programas de treinamento correr-caminhar

Conheça Jill

Jill tem corrido consistentemente por quase 6 meses, 3 vezes por semana, por 35 a 40 minutos. Ela estabeleceu a meta de correr uma prova de 10 km.

Jill tem 38 anos de idade e está com quase 5 kg acima do peso. Esporadicamente ela tem dores no joelho e está tentando voltar a praticar esportes desde que teve um bebê, há 8 meses. A sua meta principal é progredir em distância, para correr a competição, mas ela também quer ter energia o suficiente para a sua filha mais nova. Jill descobriu que fica com pouca energia depois das corridas e não pode ultrapassar a marca dos 40 minutos.

Depois de Jill abrir seu coração, eu a convenci de treinar com o Programa de Treinamento de 10 km Correr-Caminhar. Ela tem base para começar com esse programa, mas seu corpo precisa de menos intensidade quando ela treina. A corrida-caminhada é perfeita para ela, pois incorpora intervalos de energia--caminhada, a cada período de corrida, para diminuir a intensidade e permitir que seu corpo se recupere de corrida em corrida. O programa a deixa revigorada e mais forte. Correr-andar também a ajudou a perder peso mais facilmente, porque ela foi capaz de completar os exercícios sem dor, aumentar seu tempo para além dos 40 minutos e correr mais rápido.

Jill terminou os 10 km sem lesões, perdeu o peso da gravidez e ainda usa o programa de corrida-caminhada para treinar. Ela descobriu que o programa é desafiador o suficiente, porém sem o fator fadiga, para este ocupado momento de sua vida.

O programa de corrida-caminhada oferece um regime mais suave para correr. Os minutos de caminhada propõem uma estratégia mental útil e divide a distância em partes menores, mais digeríveis. Esse é o método de treino pessoal de John, e eu o uso bem. Quando os caminhantes querem progredir, além de caminhar-correr, podem usar o programa para integrar mais corrida em seu regime. Corredores também podem usá-lo para aumentar a distância ao longo do tempo, com segurança. É uma mistura perfeita e a melhor maneira de correr atualmente.

Programas de treinamento de corrida

Conheça Sue

Sue corre 4 vezes por semana em uma esteira, para aliviar o estresse e manter o peso. Alguns companheiros propuseram a ela o desafio de correr uma prova de 10 km antes de seu aniversário de 40 anos, que será daqui a pouco mais de 2 meses.

Sue está com boa saúde, mas nunca correu por mais de 45 minutos em um único treino. Toda a sua carreira de corredora tem sido em uma esteira, e sempre na mesma velocidade, percorrendo 2 km a cada 10 minutos.

Em virtude de sua boa base de corrida, o Programa de Treinamento de 10 km é o melhor para Sue atingir suas metas. Ela está desejosa em começar, mas se preocupa em correr ao ar livre, especialmente desde que renovou o programa e deixou os exercícios de resistência mais longos para o final de semana. Nós conversamos sobre isso e chegamos a um consenso, de modo que permitisse a ela continuar os treinos na esteira, em prol da conveniência para certos exercícios, enquanto que, para outros, áreas ao ar livre seriam exploradas.

Rapidamente, Sue percebeu que mesmo com os benefícios de correr em uma esteira, não é tão desafiante quanto correr ao ar livre. O tempo e o terreno são ótimos desafios e exigem mais esforço para se mover ao longo da estrada, do que na esteira. Durante a semana ela treinou em lugar fechado e ao ar livre, para o exercício de resistência. Isso a preparou para a competição de 10 km ao ar livre.

Sue é uma corredora inteligente. Ela queria modificar seu estilo de vida e dedicar tempo extra nos finais de semanas para programar sua nova metodologia e, graças aos seus esforços, ela está agora correndo de 8 a 10 km ao ar livre, todo final de semana, e está pronta para competir aquela prova de 10 km no dia de seu aniversário de 40 anos.

Os programas de treinamento são ideais para aqueles que correm 2 ou 3 vezes por semana. O Programa de Treinamento de Corrida de 5 km é ótimo para aqueles que estão cumprindo de 20 a 25 minutos, 2 a 3 vezes por semana, enquanto o Programa de Treinamento de 10 km é melhor para aqueles que estão correndo 3 a 4 vezes por semana, de 30 a 45 minutos. Ele oferece uma progressão consistente de quilômetros e *cross-training*, para fazê-lo cruzar a linha de chegada, correndo forte e sem lesões.

PROGRAMAS DE TREINAMENTO AVANÇADOS DE CORRIDA

Conheça Shannon

Shannon corre várias competições de 5 km por ano e estabeleceu uma meta para melhorar seu tempo de chegada. Sannon tem 30 anos de idade, sempre esteve ativa, praticando esportes e correndo, e raramente se machucou.

Apesar de Shannon correr muitas provas de 5 km, ela não está satisfeita com seus tempos de chegada. Ela tem corrido 4 a 5 vezes por semana, por 40 a 50 minutos, mas sempre na mesma velocidade. Shannon é ótima em manter a regularidade, mas não varia muito os exercícios, fazendo dela uma candidata perfeita para o Programa de Treinamento Avançado de 5 km. Ela tem a base de quilômetros e se beneficiou imensamente dos exercícios de velocidade inclusos nesse programa.

Depois de seguir o programa, Shannon quebrou um recorde pessoal para uma prova de 5 km e diminuiu 3 minutos do seu melhor tempo. Ela ama o desafio das sessões avançadas de velocidade e seu corpo se adaptou bem ao programa, o que a fez estabelecer uma nova meta para competir os 10 km e usar o programa avançado para se preparar.

Shannon precisou de paciência, mas teve a mente aberta e seguiu um regime diferente. Ele se exigiu mais fisicamente, descobriu seu lado competitivo e gostou de intensificar um pouco mais seu treinamento e a competição.

Os Programas de Treinamento de Corrida Avançados são perfeitos para aqueles que correm regularmente, e querem intensificar e melhorar seu desempenho. É importante notar que, para evitar ferimentos, você precisa de uma base forte de corrida, antes de seguir um programa avançado.

Certifique-se de estar correndo regularmente por 40 a 60 minutos, no mínimo, 4 vezes por semana, antes de iniciar esses programas.

Você notará que todos os programas incluem *cross-training* e dias de descanso. É a receita de fazer mais *cross-training* e descansar mais o que deixa o corredor feliz. Treinamento de força também deve ser incluído, e pode ser feito nos dias de corrida ou nos dias de *cross-training*.

O balanceamento dos componentes do programa faz da receita um sucesso. Se você bagunçar os ingredientes, o equilíbrio desaparecerá e a refeição terá um gosto picante ou insosso demais. Essas receitas de programa têm exatamente a quantidade certa de pimenta, sem exageros, e você pode levar uma vida ativa e saudável.

Alcançar uma meta começa com um plano realista. Muitas vezes uma meta é estabelecida, mas o plano para realizá-la é exigente demais. Comece com um programa realista, para alcançar uma meta realista, baseada em seu histórico de saúde e progresso desde então.

Com isso em mente, se você estiver lutando para completar os exercícios de treinamento, provavelmente está usando um programa que é difícil demais. Isso não significa que você nunca possa treinar com aquele programa, mas você precisará se preparar com um diferencial, para chegar onde deseja. Qualquer um pode acabar com o próprio corpo, mas é necessário sabedoria, paciência, disciplina e o programa certo para desafiar seu corpo, sem exageros. Preste atenção em seu corpo e siga programas realistas. Dia após dia você se sentirá recompensado ao correr mais longe, com facilidade.

PROGRAMAS DE PERDA DE PESO

Conheça Bill

Bill já praticou exercícios e não se exercita há 3 anos. Ele tem problemas com seu peso desde pequeno e programa-se para perder mais de 9 kg, por meio de exercícios. Seu médico quer que ele continue o programa, mas também incorpore um plano de alimentação saudável para perder outros 11 kg.

Desde que Bill começou a se exercitar com a corrida e a treinar força, 3 vezes por semana, decidimos que o melhor programa para ele seria o Programa de Perda de Peso: Fase 1. Ele fará Bill caminhar com mais frequência, enquanto continua seu programa de treinamento. A meta eventual é aumentar a intensidade para caminhar-correr.

O aumento em frequência acelerará seu metabolismo todos os dias, em vez de um dia ou outro, o que queimará mais calorias e estimulará todo seu metabolismo. Treinar quase todos os dias promoverá seus princípios e motivação, enquanto o mantém na busca pelas suas metas.

Ele também concordou em seguir um programa de re-educação alimentar e já identificou vários alimentos que estavam em seu caminho, impedindo uma maior perda de peso. Bill está na 6ª semana da Fase 1 e já reduziu seu peso em mais de 4 kg. Ele está se sentindo mais forte e começando a progredir em seu regime.

O sucesso de Bill se dá graças à sua paciência e tenacidade. Ele está mudando sua maneira de comer, e não apenas o que come. Também está fazendo mudanças em seu estilo de vida e se exercitando mais frequentemente. Comer alimentos saudáveis e ser ativo é o modo que ele escolheu para si. Eis o segredo para perder peso. Aos poucos e constantemente, livre-se você também dos quilos a mais.

Dicas e truques da treinadora Jenny

- Entenda a diferença entre correr por recreação e seguir um programa de treinamento: O primeiro é opcional, o segundo não. Treinar adiciona estrutura à sua corrida, além de proporcionar progresso em forma física e desempenho.
- Saiba quando se esforçar e quando descansar. Alguns dias fluirão como horas de trabalho, e outros exigirão um Plano B. Tornar-se o seu próprio treinador requer paciência, tenacidade e conhecimento. Isso tudo começa a ficar em sintonia com onde você está agora e para onde quer levar a sua jornada.

18

Competindo

Pérolas de sabedoria do Pinguim

Foram necessários anos antes de a corrida virar uma fonte de alegria para mim. Ela não era, até eu começar a finalmente compreender que minha corrida importava apenas para mim, e que eu era livre para correr por mim.

George Sheehan, uma lenda da corrida, escreveu que a diferença entre um atleta e um corredor é a assinatura em uma ficha de inscrição. Para George, competir era a mais alta expressão da arte de correr.

Naqueles dias, as competições eram os testes finais. Elas eram as provas que você prestava para checar se seu treinamento estava funcionando, se o seu corpo estava pronto e se a sua vontade era obstinada.

Atualmente, competições são celebrações. Elas são expressões de esperança, alegria e superação. São nelas que descobrimos que não estamos sozinhos nesta jornada.

A HISTÓRIA DE JOHN

Eu já corria há quase 6 meses, quando um amigo me perguntou se eu gostaria de participar de uma corrida. Para chegar ao ponto de correr e andar 5 km, eu havia precisado daqueles 6 meses e, portanto, a ideia de competir era a coisa mais distante da minha mente. Então, meu amigo disse que não haveria mais eventos de corrida como ele pensava, mas que havia encontrado um duatlo. Embora eu não soubesse o que era um duatlo, imaginava que seria como aquele esporte olímpico, onde se cruza o país esquiando, e depois vem a corrida. De qualquer maneira, aquilo parecia não ter nada a ver comigo.

Mais tarde, como meu amigo explicou que um duatlo era um evento de correr/pedalar/correr e que teríamos que correr 5 km, pedalar mais 25, depois correr outros 5 km, resolvi aceitar. Até porque, apesar de pouca, eu já tinha alguma experiência em corrida.

Hoje eu sei como fui tolo, mas naquela época acreditei que, por ter percorrido os primeiros 5 km, seria capaz de relaxar na bicicleta e descansar para a segunda de 5 km. Honestamente, foi o que pensei, até chegar ao local da competição.

Eu estava mais ansioso do que estive em anos. Ali estavam todas aquelas pessoas com bicicletas, tênis bacanas e sacolas de equipamentos. Para mim, era como estar nas Olimpíadas.

Levei minha bicicleta para baixo, rolei-a até a mesa de inscrição, peguei meu número de corrida, o adesivo da bicicleta e segui para a área de transição, embora eu não tivesse a menor ideia do que seria a área de transição, ou para onde estávamos transitando.

De qualquer maneira, segui obedientemente para lá e descobri um lugar onde deixar minha bicicleta. Imagine a minha surpresa quando percebi que a minha era a única bicicleta com um bagageiro!

Depois, os competidores foram chamados para as suas posições e eu me dirigi até a linha de frente. Quando meu amigo me disse que eu estava competindo somente com homens da minha idade, tive certeza de que havia um troféu no meu futuro. Afinal, eu estava correndo há 6 meses e tinha melhorado meu tempo por quilômetro, de quase 30 minutos para algo em torno de 12 minutos. Portanto, como poderia qualquer homem de 44 anos correr mais rápido do que eu?

Eu não imaginava que estava prestes a descobrir quando fui arrastado para o fundo daquele aglomerado de pessoas. Foi dada a largada e, inexplicavelmente, a multidão desapareceu.

Eu mal podia acreditar. Todos tinham ido embora e se distanciado muito rapidamente.

Foi então que comecei a correr, abastecido por partes iguais de entusiasmo e ingenuidade, – uma ótima combinação para a primeira corrida.

Mais tarde, juntamente com alguns outros poucos atletas, fui o último a terminar a abertura de 5 km. As nossas eram as únicas bicicletas deixadas na área de transição, então seguimos.

Até terminarmos a etapa da bicicleta, muitos dos competidores já estavam voltando para casa, enquanto ainda pedalávamos. Eles passavam por nós, com suas bicicletas suspensas na parte externa do porta-malas dos carros, mas ainda tínhamos que correr os 5 km finais.

E nós o fizemos. Devagar, mas firmemente, atravessamos aqueles últimos 5 km até, finalmente, vermos a linha de chegada. Aquilo era um milagre: uma linha de chegada! A minha primeiríssima linha de chegada.

Como você pode imaginar, atravessei a linha de chegada por último, mas com os braços para cima, celebrando. Nunca fui tão feliz em minha vida. O mais importante era ter participado de uma competição, do começo ao fim.

Aquela corrida aconteceu há muito tempo, mas ainda posso sentir os pelos dos meus braços arrepiados ao contar essa história. Desde então, competi centenas de vezes, incluindo mais de 40 maratonas e, mesmo assim, cruzar aquela linha de chegada foi um momento único e o mais importante da minha vida.

Não sei bem explicar, mas algo acontece quando colocamos um número no nosso peito. Talvez seja toda aquela atmosfera da música do filme *Carruagens de fogo*, pois simplesmente ficamos com aquela música em nossas cabeças, de modo que ela transforma em competidores passionais e enérgicos quem antes estava calmo e sociável.

E, certamente, a competição não é somente ir para o grupo que está liderando, porque, dentro de mim, existem batalhas monumentais acontecendo bem onde estou: batalhas de força de vontade, de egos, desafios e contradesafios, tão ameaçadores quanto qualquer outro que você possa imaginar.

Posicionar-se no fundo do grupo é apenas uma questão de desafio, pura e simplesmente. Mas não estamos competindo por posição, nem por dinheiro. Estamos competindo somente para satisfazer nossa própria necessidade de competir: ultrapassamos pessoas e somos ultrapassados, no mais elegante balé atlético possível.

O grupo do "fundo" sempre será um grupo de guerreiros de primeira ordem. Caçaremos um competidor por horas, na perseguição de homens jovens, com mais idade, mulheres jovens e mais experientes, mas isso não importa. Se vejo alguém na minha frente, que não deveria estar, irei atrás até que consiga alcançá-lo, infortúnio para aqueles que me ultrapassam nos últimos momentos de uma competição, porque não perdoo ser ultrapassado nos poucos últimos metros. Não me desafie! Eu lhe asseguro que você enfrentará a maior disputa de sua vida.

No entanto, quando a competição termina, simplesmente caímos nos braços uns dos outros e rimos da bobagem de nossos egos, da fraqueza de nossos corpos e da força de nossas vontades. Rimos, porque sabemos que a diferença entre a vitória e a derrota é apenas um estado de espírito. Mas, competir bem é uma arte.

A TREINADORA JENNY FALA SOBRE COMPETIR

Sobre a definição de corrida, o dicionário traz: Uma disputa entre, ou dentre corredores, para decidir quem é o mais rápido. Uma competição entre duas ou mais pessoas, buscando alcançar um objetivo comum ou alcançá-lo em primeiro lugar.

Eu tenho passado por linhas de chegada o suficiente para saber que a definição de um competidor de corrida vai muito além de alguém que é o primeiro a chegar.

Sem desmerecer o talento necessário para terminar entre os dez primeiros, mas competir é mais sobre fazer o seu melhor do que ser o melhor, ou o primeiro. Qual outro esporte no mundo permite que você participe com um campeão? A maioria de nós não pode jogar golf com Tiger Woods,* ou basebol com os Cubs,** mas podemos competir uma corrida com os vencedores, e isso é muito estimulante, pois, do primeiro ao último, todos são premiados.

Por isso, é necessário entender algumas coisas, por exemplo, que não há nenhuma pontuação para estilo na competição e, nas laterais, não haverá ninguém criticando a sua forma ou insistindo para que vá mais rápido. As pessoas que ali estiverem, com certeza, estarão torcendo por você!

Também, na maioria dos casos, você nunca terminará em último. Eu acreditava que o medo número 1 seria a falação pública, até começar a conversar com corredores sobre competir. Mas, se você deixar esse medo cruzar o seu caminho, nunca alcançará a linha de chegada, não terá a camiseta da competição e tampouco fará alarde sobre o que acontece.

Se você se deixar levar pelo nervosismo, é melhor ser voluntário de uma competição. Isso lhe dará a chance de ver quem está competindo e quanta diversão eles estão tendo.

Participar de uma corrida requer algum pensamento e esforço. É melhor começar com uma competição curta, e se você se identificar com isso, participar

* Famoso jogador de golfe dos Estados Unidos e considerado um dos melhores golfistas da atualidade. (N.R.)

** Importante clube americano de basebol. (N.R.)

de outras mais longas. Meu conselho é que treine e participe de uma corrida de 5 km, antes de tentar uma maratona. Você sempre aprenderá algo e rapidamente desenvolverá suas habilidades de competição.

Siga um regime de treinamento estruturado, como os que estão neste livro. Eles prepararão você para a distância, de modo que possa aproveitar a jornada no dia da corrida. Treinar é uma preparação para a celebração.

Treine no mesmo horário do início da corrida, para se acostumar com a sensação de correr àquela hora do dia. Se a competição começar às 7 horas, treine nesse mesmo horário todos os dias, para perceber como seu corpo reage à corrida pela manhã bem cedo. Treinar para corridas é ensaiar para a competição.

Faça exatamente o mesmo que no dia da competição, desde a refeição pré-competição, até a hidratação, para que não haja surpresas no dia da prova.

O indicado é consumir de 177 a 237 mililitros de líquido a cada 15 a 20 minutos de atividade. Isso se torna mais importante, à medida que a distância da competição aumenta. Para competições de 45 minutos ou menos, água é o melhor. Para competições de 45 minutos ou mais, é recomendado usar água e uma bebida para a prática de esportes, como isotônicos.

Treine com a bebida esportiva no percurso, para assegurar que ela supre as necessidades do seu organismo. Essas bebidas são feitas para repor energia e eletrólitos perdidos. No momento da corrida, você não terá muito tempo para beber e, por isso, aprenda que deverá caminhar até o posto de apoio, olhar um voluntário nos olhos, ou apontar a bebida para ele e agarrar o copo. Vire-o, beba rapidamente e vá! Com a prática, isso deverá acontecer em apenas alguns segundos.

Refeições pré-competição devem ser consumidas, no mínimo, 2 horas antes do início da prova ou treinamento. Uma refeição leve, contendo 200 ou 400 calorias, com muitos carboidratos e pouca gordura, fibra e proteína é o ideal. Quanto menos você pesar, menos calorias precisará. A refeição chegará ao seu sistema rapidamente e abastecerá o seu desempenho.

Os alimentos consumidos em uma refeição pré-competição variam de acordo com a preferência. John, por exemplo, gosta de cereais e leite, enquanto eu prefiro torradas com manteiga de amendoim. Com o passar do tempo, você também descobrirá sua refeição ideal.

Também reveja o percurso da prova com antecedência. Isso lhe dará a chance de visualizar a competição e antecipar as marcas de quilômetros, morros e postos de apoio. Ensaiar mentalmente permite que você se torne mais familiar com o percurso no dia da corrida.

A semana da competição será muito parecida com a primeira semana da escola. Lembra-se do nervosismo, dos medos e do choro? Então, pode acreditar que, por mais que tenha treinado, você terá a estabilidade emocional de uma criança de 5 anos de idade. Começará a questionar o seu treinamento, a preocupar-se em terminar a corrida e, muito provavelmente, terá dificuldade para dormir,* na noite anterior ao evento. Mas não se preocupe, porque isso é normal. Eu, particularmente, tenho pesadelos sobre me perder no percurso da competição e terminar fazendo compras no Nordstrom's.** O que quero dizer é que você pode ficar nervoso, e não há problema nisso. É um bom estresse e significa que você respeita a distância e ela será um desafio. O desafio é o que motiva você a treinar e competir, e o que o manterá correndo por anos.

Na semana da corrida, nem tente mudar sua alimentação ou experimentar uma nova dieta de brócolis e super-hidratação. Simplifique o máximo que puder e deixe que tudo aconteça normalmente. Calce os tênis com os quais você treinou e vista as roupas com as quais está acostumado. Evite bebidas esportivas, a não ser que você tenha feito isso durante o treinamento.

No dia anterior à competição, prepare seu kit de corrida, que inclui número de competição, a camiseta, orientações para a prova e um chip marcador de tempo. O número de competição identifica quem você é no percurso. O chip ativa o seu tempo, assim que você deixar a linha de largada, e só para quando você cruzar a linha de chegada. É uma excelente ferramenta, especialmente se você está correndo em uma competição grande. Então, antecipe-se, colocando o chip no tênis e o número da competição na sua camiseta. A última coisa que você terá de fazer na manhã da competição é tentar descobrir como fixar um pequeno pedaço de plástico no seu tênis.

Uma palavra sobre camisetas de competição

A camiseta de uma competição atesta para a família e os amigos que você participou. É um símbolo de honra. Mas, preste bastante atenção: a camiseta da competição só poderá ser usada se você completar o percurso. Usá-la antes, ou mesmo dormir com ela, se você ainda não competiu, trará anos de má sorte para as próximas corridas. Esse é um segredo de corrida, passado ao longo dos anos, e uma regra importante a ser seguida.

* Nosso vigilante traço de responsabilidade pode nos conduzir por um sonho que simboliza a insegurança. (N.R.T.)

** Grande rede de lojas de roupas nos Estados Unidos. (N.R.)

No dia da competição, chegue ao local pelo menos 1 hora antes do início. Isso lhe dará tempo para usar o sanitário químico, checar seu equipamento, aquecer-se e descobrir qual será a sua posição. Do contrário, ter de fazer tudo apressadamente será um desperdício de energia, além de tirar a alegria da competição.

Na linha de largada, posicione-se com as pessoas que aparentam ter a passada ou a habilidade similares. Se você corre em uma passada de 11 minutos e se alinha perto da frente, com corredores de passadas de 6 minutos, você irá se desgastar rápido demais. É fácil ser alcançado na euforia de início de competição. Portanto, alinhar-se apropriadamente irá ajudá-lo a manter a velocidade certa para você.

Mantenha seu ritmo sabiamente e invista nos últimos poucos quilômetros. A variável número 1, que você pode controlar no dia da competição, é o seu ritmo. Também aprenda a usar o relógio para monitorar suas marcas de quilômetros. Dessa forma, você saberá como ritmar quilômetro a quilômetro e evitar uma exaustão no final.

O jeito mais eficaz de estabelecer ritmo é correr ambas as marcações iguais, ou uma marcação negativa. Correr marcações simétricas significa correr em uma passada contínua, que não seja rápida nem lenta demais. Isso funciona bem para alguns corredores, mas não tão bem para outros. Marcações iguais são ótimas para corredores de temporada, que conhecem a sua passada como as palmas das mãos.

Uma marcação negativa significa correr a primeira metade da competição levemente mais devagar que a segunda metade. Correr no negativo é a melhor maneira de começar a corrida, porque permite que você esteja firme no final. Para correr dessa maneira, comece devagar, por volta de 10 a 20 segundos por quilômetro mais lentamente que a passada planejada para a segunda metade. Se você planeja competir 5 km em 31 minutos, a passada será de 10 minutos. Se você correr os primeiros 2 km em 10'10", e a segunda em 09'50", terá a média de 10 minutos de passada total. Essa estratégia conserva energia, fortalece os quilômetros finais e permite que você trabalhe com várias velocidades sem o risco de forçar demais, do mesmo modo que você também se diverte ultrapassando corredores no final!

Seja flexível, senão você poderá treinar bastante e no dia da corrida ver seu desempenho cair. Lembre-se de que você terá desempenhos de competição bons e ruins, e deve estar preparado para aprender com as adversidades. Assim poderá avaliar o que foi mudado – seu treinamento, sua passada ou o clima – para modificar o que for necessário para a próxima competição.

Por fim, é tudo pela foto na linha de chegada. Em grandes competições haverá um fotógrafo esperando que você termine a corrida. É aí que você tem que decidir se quer parecer forte, não como se tivesse levado uma surra. Nós conhecemos uma corredora que arranja tempo para passar batom antes de terminar a prova. Dê as passadas sabiamente e sorria para a câmera.

Quando você atravessar a linha de chegada, continue se movimentando e deixe o corpo voltar gradualmente à realidade. Continue caminhando, durante pelo menos 5 minutos após a competição. Tome uma bebida esportiva para repor a energia e os eletrólitos perdidos, e consuma uma refeição com alta taxa de carboidratos complexos e proteína moderada, no máximo 1 hora depois da chegada.

Assistimos a milhares de corredores cruzarem linhas de chegada e os vemos chorando, abraçando-se uns aos outros e balançando seus punhos no ar. A linha de chegada tem significado diferente para cada um e, independentemente de colocação, é um momento de celebração total. Você terminará a sua primeira competição uma única vez, portanto, aproveite a jornada e celebre suas conquistas. Embora uma competição termine, ela sempre representará o começo de sua nova vida como corredor.

Dicas e truques da treinadora Jenny

- Prepare-se mentalmente. Treinar é 90% físico e 10% mental. Competir é 90% mental e 10% físico. Divida a competição em pedaços menores e mais digeríveis. Corra quilômetro por quilômetro, ou escolha divertidos marcadores geográficos no percurso e monte minilinhas de chegada. É muito mais fácil correr várias distâncias menores do que uma competição longa desde o começo.
- Confie no seu treinamento. Uma grande corrida é o resultado de um treinamento de base sólida. Revise seu diário de treinamento. Isso lhe dará força e o lembrará de toda a preparação.
- Use uma pulseira de marcação para determinar se você está na velocidade certa durante a competição. O bracelete é uma tira de papel que os corredores usam em volta do pulso, para indicar quais deveriam ser as marcações de seus tempos em diferentes pontos de quilometragem na corrida. Você pode imprimir uma a partir de um website de corrida, ou criar a sua.
- Corra as tangentes no percurso da corrida. Quando você vir uma curva, corra em linha reta, em um ângulo de 45 graus, em vez de contornar pelo lado externo dela. Uma linha reta é a distância mais curta entre 2 pontos.
- Recupere-se da corrida tirando 1 dia de folga para cada quilômetro da corrida. Se você correu 5 km, por exemplo, descanse nos primeiros 3 ou 4 dias pós competição e faça *cross-training*, ou corra em um ritmo bastante calmo. Isso dará tempo para que seu corpo se recupere do esforço intenso da competição.
- Gradualmente, aumente seu treinamento depois da competição. Ouça o seu corpo lhe mostrando as dores pós-competição. Quanto mais longa a prova, maior o período de recuperação.
- Recompense a si com uma massagem, após 4 horas ou mais do término da prova. A massagem relaxante pode acelerar a recuperação e aliviar dores musculares pós-competição.

19

Vivendo sem limites

Pérolas de sabedoria do Pinguim

Na maior parte da minha vida, eu tive medo de tudo e de todos. Como corredor, aprendi que o medo externo a mim era sempre obscurecido pelo medo dentro de mim.

Certo dia, de costas sobre um penhasco de 61 metros, ouvi o rapaz que vinha logo atrás de mim dizer o seguinte: confie no seu equipamento. Com certeza, ele não entendeu que não era o equipamento que me preocupava, mas o meu próprio pânico.

À medida que eu descia o cabo, podia sentir o medo escapando centímetro por centímetro. Quase na metade do caminho para baixo, ainda consegui sorrir. Eu havia superado não somente o meu medo, mas a minha falta de confiança.

Uma vida vivida com medo é uma condenação autoimposta. Porém, temos o poder de perdoarmos a si e nos libertar, o que evita que na hora de morrer corramos o risco de descobrir que realmente nunca vivemos.

Para muitos de nós, as músicas que escutamos se tornam a trilha sonora de nossas vidas. Há canções e letras que se ligam a época e lugar, uma pessoa ou um evento. Essa associação se torna tão forte, que um não pode existir sem o outro.

Muito mais do que a música guardada nos discos rígidos das nossas psiques, existem milhares de memórias no nosso subconsciente que controlam muito do que pensamos sobre o mundo e, mais importante, o que pensamos sobre nós.

As percepções sobre nossas habilidades, aparência e intelecto são, de fato, nada mais do que pequeninas partículas que temos colecionado e armazenado ao longo do curso de nossas vidas. Para a maioria de nós, aquelas partículas formam um conjunto de opinião e crenças de outras pessoas. Nós as colecionamos e armazenamos, porque pensávamos que eram a nosso respeito. Mas não eram. Elas eram impressões de pensamentos e crenças de outras pessoas. Nós as tomamos para nós, pois não tínhamos um ponto de vista alternativo.

No entanto, nós não somos diferentes de você. Eu comecei meus estudos aos 5 anos de idade e sempre fui um dos garotos mais jovens na minha classe. Aliás, o mais baixo, menos desenvolvido fisicamente e com menos aparência atlética.

Apesar de atlética, quando criança, Jenny ainda era perseguida pelo grande contraste entre a sua imagem moleca e o que uma jovem mulher deveria ser.

Essas percepções sobre quem você é, sobre a sua capacidade, o que pensa ou mesmo ousa aventurar não mudam só porque você ficou mais velho. Se existe qualquer incidente ou ideia de reforço, como não ser um bom jogador de basquete, por exemplo, ou que, ser atética é uma antítese de feminilidade, então isso se torna o centro de uma constelação de experiências que formam a nossa autoimagem.

No entanto, você pode mudar tudo isso.

Se você chegou tão longe neste livro, então já pode ter começado a fazer a mudança. Se quando escolheu este livro não pensou que podia ser um corredor, gostaríamos que soubesse que você pode.

Se você, por acaso, passou sua vida acreditando que se tornar um atleta estava além de seu alcance, então é hora de dar uma olhada profunda naquela crença, descobrir de onde ela veio e se a validade da tal crença realmente faz sentido para você.

O falecido George Sheehan, um dos maiores filósofos da comunidade de corredores, disse que todos nós somos atletas. O que acontece é que alguns treinam e outros não. Você pode ter passado a sua vida inteira como um atleta que não treina, mas isso não o condena a uma vida de confinamento sedentário.

Viver sem limites significa, sob um ponto de vista, aprender a ver além e agarrar o vislumbre do que talvez seja. Mais importante, uma vez que você conseguir olhar além de seus limites autoimpostos, será capaz de olhar além do que talvez seja o que você nunca imaginou. Nós sabemos o que estamos falando, porque isso aconteceu comigo e com Jenny.

Jenny, por exemplo, conheceu o Eco-Challenge pela televisão e viu equipes mistas de quatro pessoas caminhando, pedalando, andando de bicicleta nas montanhas e navegando por 8 a 10 dias. Ela viu gente comum conquistando feitos extraordinários de força e coragem e, por um instante, ela se viu entre os competidores.

Dois anos mais tarde, Jenny estava em pé, na linha de largada, com a sua equipe, no Borneo Eco-Challenge, preparando-se para passar os próximos 8 dias na selva da Malásia.

Eu ouvi um amigo falar sobre como era correr uma maratona e o ouvi contar sobre as trilhas e a satisfação de tentar completar um evento de 42 km. Um ano e meio mais tarde, aquele mesmo amigo e eu cruzamos a linha de chegada da Maratona Columbus.

Não que sejamos particularmente corajosos, mas ambos aprendemos que os limites que nos impomos não são os nossos limites. Eles são os limites baseados nos medos de nossos pais, dos amigos, da família e das pessoas que nos amam, porque assim elas nos têm como a pessoa que acreditam que somos.

Você não precisa participar de um Eco-Challenge ou correr uma maratona para viver uma vida sem limites. Você pode começar identificando e encarando seus medos mais fundamentais sobre si, as consequências de fracassar, como é ser exclusivamente você e dar o primeiro passo.

Pés, não me deixem na mão agora!

Para a maioria dos corredores iniciantes, pensar no posicionamento em uma competição é assustador. Todos nós temos certeza de que seremos os últimos e que seremos tão lentos, que nos pedirão para sair do caminho. Acreditamos que ficaremos tão para trás do resto da multidão, que vamos nos perder. Então ficaremos tão mortificados que vamos querer nos mudar para uma nova cidade e trocar nossos nomes.

Para que você se sinta melhor, saiba que eu já fui o último. Já me pediram para sair do caminho e já fiquei tão para trás, que acabei completamente perdido. Mas, e daí?

Qual é a vergonha de ser o último? Até mesmo o último lugar vence todos os que ficaram em casa. Na linha de largada, mesmo o último posicionado está pronto a encarar o desafio do percurso e do dia. Até o último a terminar foi bem-sucedido, porque ser o último é simplesmente isso.

O primeiro passo para se viver sem limites é aceitar que qualquer coisa que aconteça em uma corrida é quase insignificante quando você olha para uma foto maior. Você pode fazer isso parecer algo importante, fazer com que as consequências sejam avassaladoras, mas acontece que elas não são. A verdade é que, onde você termina, não importa para ninguém, a não ser para você mesmo. E se você se sentir bem em relação a isso, o resto do mundo não se importará.

O que vem a seguir são algumas de nossas recomendações para coisas que você pode fazer neste exato momento e no decorrer da sua vida como atleta, para ajudá-lo a descobrir, como nós o fizemos, que uma vida bem vivida e sem limites é de longe melhor do que vivida com medo.

Corrida

Primeiro passo: 5 km

Existem competições de 5 km quase todos os finais de semana e em vários lugares, desde pequenas empresas locais que arrecadam fundos para escolas e hospitais, até as enormes competições, apoiadas por grandes empresas, na maioria das grandes cidades. Não importa se são 25 mil pessoas ou 75, a ideia é participar.

Também existem outros programas de treinamento de 5 km, independentemente de serem arrecadações para entidades de filantropia. O importante é que você escolha uma competição, siga um programa e depois, como qualquer outro atleta, faça seu plano e se prepare para ela.

O ato de comprometer-se com uma competição é motivação suficiente para treinar. O compromisso deve ser o mesmo, quer você esteja se preparando para as Olimpíadas ou para qualquer outro evento. Você estabelece uma meta, sem se permitir dispersar, e faz o que for necessário para alcançá-la.

Também não importa se você vai conseguir alcançá-la ou não, porque, em uma vida sem limites, o que importa é tentar.

O próximo passo: Maratona para mortais

Você até pode ser cético quanto a resultados alcançáveis, e não o culpamos por isso. Mas queremos que saiba que todo ano, centenas de milhares de pessoas iguais a você estão ganhando medalhas, por correrem meia-maratonas ou maratonas completas.

A ideia é encontrar um evento que celebre esforço e excelência. Existem inúmeras competições, de ponta a ponta do país, que se encaixam nessa descrição.

Comprometer-ser com um programa de treinamento de 14 a 20 semanas não é para tímidos. Você descobrirá que sua vida se tornará nitidamente dividida entre as coisas que você tem que fazer, porque está treinando, e as coisas que não pode fazer, porque está treinando. Até o final do programa, você pode começar a pensar que seus amigos de corrida são os únicos que restaram. Na verdade, descobrimos que os não corredores não estão interessados em saber onde estão as nossas bolhas e, provavelmente, eles não têm nenhum interesse em falar sobre irritações causadas por fricção. Por outro lado, corredores de longa distância e caminhantes não se cansam dessas conversas.

Se a ideia de treinar sozinho é intimidadora demais, encontre um programa de treinamento comercial em sua cidade. Melhor ainda, junte-se a um programa de caridade local ou nacional. Muitos de nós descobrimos que o bem que fazemos a nós também pode beneficiar alguém menos afortunado, e dobrar a nossa alegria e satisfação.

Por algo completamente diferente

Saia para uma caminhada e descubra, com seus dois pés, que o mundo é acessível e maior do que você poderia esperar. E está tudo ao seu alcance.

Uma de nossas primeiras aventuras juntos foi caminhar pela Costa Na Pali, no Havaí. Para mim, o medo de chegar em uma trilha de uma costa estreita sem fim, ao alcance da vista, era quase paralisante. Felizmente, Jenny foi uma guia gentil, embora insistente, e fizemos nosso trajeto mais e mais longe, descendo a trilha. Desde então, estivemos na floresta tropical, em Kuala Lumpur, no alto deserto do Sudoeste Americano, e caminhamos na neve, nos Rochedos Canadenses.

Corra em uma competição de revezamento: Correr tende a ser um esporte individual. É fácil demais se isolar dos corredores à sua volta e se tornar tão embalado na própria corrida que você perde o sentido de ser parte de algo, além de você mesmo. Correr como um membro de uma equipe de revezamento muda isso.

A mãe de todos os revezamentos é o Revezamento Hood to Coast, em Oregon. Ele inicia próximo do topo do Monte Hood e continua por 320 km além da costa de Oregon. As equipes consistem em 12 corredores, em duas vans, que se revezam correndo. As equipes começam em ordem de velocidade-reversa, sendo que as mais lentas começam de manhã enquanto as mais rápidas começam um pouco mais tarde. Nós fomos membros de uma equipe que era tão lenta, que cada um de nós era ultrapassado por todo mundo. Por 32 horas corremos e fomos ultrapassados. Mas, no final, descobrimos um jeito da nossa corrida nos levar a lugares que nossos pés nunca poderiam ir. Nós tínhamos corrido até os corações e as almas dos nossos colegas de equipe.

ALÉM DA CORRIDA

Rodas da fortuna

Compre uma bicicleta: Todo corredor tem que ter uma bicicleta. Ela não precisa ser chique, cara, ou ter todos os apetrechos mais modernos. Apenas tem que ter duas rodas, um assento, guidões e pedais.

Os especialistas afirmam que andar de bicicleta é uma boa opção para *cross-training*. Além disso, também é bastante divertido. Como a sua capacidade aeróbica expande, porque você está correndo, você vai descobrir que sair e pedalar alguns dias na semana é tão divertido agora quanto era quando você era criança.

Nós recomendamos uma bicicleta híbrida. As ruas estão cheias de bicicletas para montanhas, que nunca ficam sujas, e bicicletas para estrada, que teria a inveja dos ciclistas no Tour da França. A verdade é que uma bicicleta seminova, com guidões simples, atenderá a 90% das necessidades de pedalar da maioria de nós.

Quer mais? Treine para um passeio organizado. Se você gosta de treinamento de longa distância e aprecia a calma de correr por mais ou menos 1 hora por vez, provavelmente aproveitará o treino para um evento ciclístico organizado. As distâncias mais populares são 160 km, 100 km, 80 km e 50 km. Se você realmente quiser participar, vai descobrir que precisa de equipamentos diferentes ou melhores, mas existem milhares de pessoas passeando há séculos em bicicletas muito baratas.

Riacho acima com um remo

Aprenda a remar caiaque ou canoa: O que é tão maravilhoso a respeito da corrida é que ela é a base aeróbica perfeita para todos os outros tipos de atividade. Você pode não ter sempre as habilidades específicas que precisa, mas terá a força e a coragem para começar.

A minha primeira aula de caiaque não foi exatamente um sucesso. O instrutor me pediu para que tentasse ficar confortável no caiaque, mas, naquele ponto, eu o tinha virado para baixo. Além de um bom banho, não houve mal algum, e isso deu ao instrutor a oportunidade de ensinar salvamento e recuperação ao resto da classe. Mas, fora aquele episódio único, a vida na água tem sido muito boa. Nós recomendamos fazer a aula, porque há algumas técnicas de remo para caiaque ou canoagem que se deve aprender logo nas primeiras experiências.

Aprender a remar nos permitiu andar de caiaque em alguns dos lugares mais bonitos e exóticos do mundo, incluindo a Baía da Ressurreição, no Alasca, os calmos rios do Havaí e ao lado de baleias, na Antártida.

Encontrando o seu caminho

Aprenda a orientar-se: Fora dos Estados Unidos, orientação é um esporte muito popular. Na modalidade mais simples, você tem um mapa, um compasso, alguns lugares marcados que precisa encontrar e é basicamente isso. Quanto mais rápido você encontrar os pontos, melhor a sua pontuação.

Como um corredor, você já possui as habilidades físicas necessárias para a orientação. O que você precisará aprender é a leitura de mapa e as técnicas de compasso. Esses não devem ser subestimados. No mundo do mapeamento GPS, Sistema de Posicionamento Global, parece quase primitivo achar o seu caminho usando um compasso e suportes. E a sensação de achar um ponto marcado é ótima.

Colocando tudo junto

Experimente uma competição de aventura: Uma vez que você tenha pedalado, remado e participado de técnicas de orientação, pode igualmente combiná-los e se tornar um competidor de aventura. Você não precisa começar com uma expedição de 10 dias de duração. Existem competições de 3 a 8 dias plenamente divertidas.

Provavelmente, as competições mais divertidas, desafiadoras e que se pode executar em uma vida sem limites são aquelas com duração de 24 horas. É assustador imaginar que você vai pensar, planejar, mover-se e adaptar-se durante todo o dia e à noite, mas também é uma corrida quase inimaginável pensar que você pode. Com três Eco-Challenges em seu currículo, Jenny, além de outras competições de expedições longas, uma série de 24 horas, uma equipe multidias e eventos solo, é uma especialista nos limites da corrida de aventura. Mas, do seu jeito, John, tanto como parte da tripulação como corredor, define o que a pessoa mediana pode fazer, se ela superar seu medo.

Vivendo sem limites

O que a maioria de nós descobre ao aceitar os desafios como corredores é que as lições que aprendemos com nossos dois pés são as que mais precisamos para viver nossas vidas. Como só os corredores podem aprender, tomamos conhecimento de que a vida só pode ser vivida com um passo de cada vez.

Aprendemos muito neste caminho: o que parece inicialmente impossível pode ser eminentemente possível quando perseguimos nossas metas com cuidado e constância. Aprendemos também que os 5 km que imaginamos não sermos capazes de correr se tornam fáceis nos treinamentos posteriores.

Aprendemos que a vida não está separada da corrida, e vemos que os dias bons e ruins que aceitamos em nossa corrida são os mesmos dias bons e ruins que temos que aceitar em nossa vida. Os limites que nos impomos deixam de ser reais em nossa vida, diferentemente do que acontecia antes.

O mundo está constantemente mudando, expandindo, e nós também aprendemos a viver nele, alcançando a nós e encontrando tudo o que precisamos.

Nós temos algo em comum com os corredores de todas as idades, gêneros e habilidades, e aprendemos que estamos entre aqueles que escolheram tomar o controle de alguma pequena porção de suas vidas. Cada pegada nos leva mais longe do que costumávamos ir e mais perto de onde queremos estar.

Finalmente, aprendemos que a vida é melhor vivida naqueles momentos de esforço honesto, quando não há separação entre o sucesso e o fracasso.

Dicas e truques da treinadora Jenny

- Use o seu condicionamento físico de corrida para ramificar e experimentar novas atividades. Correr lhe dará autoconfiança para ser aventureiro.
- Entenda que o medo é uma palavra ruim de 4 letras. Maneje os seus medos, um de cada vez. Isso abrirá um mundo de oportunidades, inteiramente novo.
- Quebre as barreiras e participe de uma corrida em outro estado ou país. É uma maneira formidável de explorar o mundo.
- Estabeleça uma meta para tentar algo novo neste ano, como corrida em trilha, caiaque, ciclismo etc. Isso revigorará a sua corrida e iluminará a sua vida.
- Não deixe de experimentar algo novo só porque você não pode se imaginar, digamos, fazendo paraquedismo ou mergulho. Mas lembre-se de que você não acreditava que poderia correr, mas agora é um corredor. Imagine, conquiste e explore!

20

A coragem de começar

Pérolas de sabedoria do Pinguim

Adiar a alegria da jornada até você alcançar o seu destino é o pior plano possível. Esperar para celebrar até que você tenha chegado onde queria ir, significa perder todos os lugares maravilhosos pelos quais passou durante o caminho.

Com muita frequência, os adultos acreditam que não podem aproveitar uma atividade, a não ser que, ou até que sejam bons nisso. Eles praticam durante anos, para desenvolver técnicas que julgam necessárias para serem bons o suficiente e se divertirem.

A corrida pode ser divertida desde o primeiro dia, se você deixá-la ser. Corrida e caminhada, caminhada e corrida, podem ser passos na estrada para a recuperação e redescoberta, se você as deixar ser.

A corrida diz respeito ao agora. Cada passo nos ensina e nos transporta. Cada pegada deixada nos carrega para mais perto de quem realmente somos.

O milagre não é terminar.
O milagre é ter a coragem de começar.
Credo de John "Pinguim" Bingham

Essas palavras foram escritas pela primeira vez enquanto eu viajava no banco de trás de uma minivan, no caminho de casa, depois de um meio Ironman triathlon, na Cidade do Panamá, Flórida. No dia anterior eu tinha nadado 2 km, pedalado 90 e corrido outros 21. Os vencedores tinham terminado em cerca de 4 horas, e eu cheguei lá em aproximadamente 8 horas.

Aquelas palavras irromperam espontaneamente da minha alma e escoaram por entre os meus dedos, até as teclas de um velho notebook. Originalmente, elas nunca foram intencionadas a serem lidas por alguém, exceto por mim. Elas eram, e ainda são, a mais verdadeira expressão de como me sinto quando completo um evento, e são as palavras pelas quais eu vivo.

Isso realmente foi um milagre. Para alguém que aos 46 anos de idade pesava 108 kg, havia fumado por 25 anos e comido em excesso – fazendo disso um modo de vida –, além de ter bebido mais do que sua cota de álcool, ainda estar vivo e em forma era nada menos que um milagre.

Há uma espécie de graça sobre aqueles que transformaram suas vidas com os próprios pés. Essa graça está disponível para você, se estiver aberto a ela. O milagre não é algo que se precise esperar. Você pode fazê-lo acontecer quando quiser.

O milagre é que você tem à sua disposição tudo o que precisa para mudar sua vida agora mesmo. Você não precisa ser mais inteligente, mais magro ou mais disciplinado do que é neste exato momento para aceitar a graça que uma vida ativa lhe proporciona.

No meu caso, eu escrevi que o milagre não é terminar. Preparei-me por muito tempo, e muito bem, para o evento. Dediquei horas na piscina e na estrada, nadando, pedalando e correndo. Cumpri minhas obrigações, alinhei as ferramentas e o treinamento que precisava terminar.

O milagre é que, aos 46 anos de idade, tive a coragem de preencher o formulário de inscrição da competição, carregar minha bicicleta e me deslocar até a Flórida. O milagre foi eu ter superado tudo o que pensava previamente a meu respeito e minhas habilidades, e comparecido.

O milagre é que eu tive a audácia, o desejo puro e cego de ficar na linha de largada em uma sunga e mergulhar de cabeça no Golfo do México.

Eu quero dizer a você, no espírito de completa abertura, que eu não estava exatamente direcionado por alguma necessidade competitiva interna. A verdade é que, quase na metade do caminho, na competição de natação, eu estava somente flutuando, virado para baixo e olhando para um cardume de peixes sob mim, quando um dos organizadores me disse que eu precisava continuar nadando, se realmente quisesse ganhar tempo.

O percurso de bicicleta foi quase um desastre. Um raio da roda traseira quebrou, e ela estava tão deformada que raspou as pastilhas dos freios de ambos os lados, mesmo com os freios na posição aberta.

A corrida foi uma solitária e arrastada travessia de pontes de concreto e por vizinhanças desertas. Nem as palmeiras não faziam isso parecer exótico. Tudo era completamente desagradável.

Eu terminei ao som do silêncio, já que a multidão de torcedores e atletas há muito tinha ido embora. O relógio ainda estava marcando o tempo, mas isso era apenas a única evidência de que existiu uma competição naquele dia.

Novamente em pé no Golfo do México, mais de 8 horas depois de ter começado a odisseia, eu estava impressionado com quanto me sentia pequeno. Não havia pressa e nenhum sentido para erguer os braços em comemoração por ter combatido algum inimigo. Havia apenas a consciência de ter testemunhado um milagre. Ao menos naquele dia eu acreditei que era um atleta. O milagre foi que eu tive a coragem de começar.

Frequentemente, a coragem é confundida com ausência de medo. Em especial, o medo de fracassar é uma emoção sempre presente. Eu não fiquei de pé e cheio de confiança na linha de largada. Sinceramente, eu estava morrendo de medo. A diferença foi que, pela primeira vez na minha vida, eu controlei o medo, sem deixar que ele me controlasse.

O primeiro passo para encontrar a coragem é começar, é identificar o medo que mantém você parado no lugar. O que o está impedindo? O que você teme tanto, que não se imagina sem o medo?

Às vezes sentimos medo de sermos outro, senão o que já somos. Mas isso não é surpresa. As pessoas que mais nos amam, às vezes, são as mesmas que não querem nos ver mudados. Elas nos amam do jeito que somos e se tentamos algo diferente, isso as ameaça.

Por mais amedrontado que você possa estar em se tornar outra pessoa, por mais temeroso que esteja em libertar-se do confinamento sedentário e viver um estilo de vida ativo e saudável, é possível deixar esse medo para trás. De fato, para descobrir o que você é, e o que pode se tornar, terá que encontrar um jeito de encarar o medo.

A maioria de nós teve a coragem de explorar, de descobrir, de questionar o desconhecido sem razão alguma quando éramos crianças. Uma criança tem que ser forte para ter medo. Existem coisas das quais uma criança deve ter medo, mas, com certeza, o fracasso não é uma dessas coisas.

As crianças vão se levantar, tentar andar e cair sobre os seus bumbuns, e de novo, e de novo, sem medo de fracassar. Elas vão dar alguns passos iniciais, vão cair, levantar e vão tentar mais uma vez. As crianças não têm medo de falhar. Elas temem aceitar que poderão ser somente o que são agora.

Você tem a coragem de uma criança? Você tem a coragem de fracassar? Você tem mais medo de ser somente o que é agora do que conquistar o que pode ser? Se for assim, você está pronto para ser um Pinguim, como eu.

Não existe fracasso tão devastador quanto o medo de fracassar que criamos em nossas mentes. Quando as pessoas me dizem que estão desapontadas com os seus resultados, eu sempre pergunto: Por quê? Que diferença teria feito se você tivesse terminado 5 minutos mais cedo do que fez? O que no mundo teria sido alterado pelo seu desempenho?

Naturalmente, essas pessoas não respondem. Eles podem me oferecer uma canção e uma dança sobre a satisfação de assumir um desafio pessoal, sobre quanto é recompensador ser melhor e como a única real competição é ser eles mesmos. Eu simplesmente esboço um sorriso.

Eu sei que em algum lugar, intimamente, está uma voz familiar, uma rivalidade com irmãos ou alguma lembrança de um fracasso que tenha endurecido suas almas. E que a inabilidade para serem felizes é tanto parte de si, quanto são as cores de seus olhos.

Eu sei que é difícil acreditar que você só precisa fazer o seu melhor, e fazê-lo a cada dia. Pode ser difícil acreditar que você é o único que sabe sobre qual é o seu melhor, mas não é impossível.

Começando hoje você pode se tornar seu próprio melhor torcedor, olhar para si com imperfeição, porém esperançoso para embarcar na aventura de uma vida inteira, e não somente ter a coragem de começar, mas também de mudar.

Você pode descobrir a coragem para abraçar o progresso, independentemente de como ele vier. Pode aprender a saborear cada pequena vitória que todo dia apresenta, mesmo que seja somente caminhar logo depois da sua porta.

Você pode encontrar a coragem para celebrar suas conquistas, mesmo que só você saiba sobre elas, e aprender a encontrar alegria, no simples ato de tentar.

O caminho que você escolheu é seu próprio caminho, e ninguém caminhou por ele antes. Não tem ninguém se escondendo atrás de você, porque esta jornada é feita exclusivamente por você. E você é tudo o que sempre precisou ser.

O milagre é que esses dois pés que o tem carregado todos os dias de sua vida agora estão prontos para levá-lo a lugares que você nunca sonhou. Eles podem levá-lo para dentro de si, e a quilômetros de você, tudo ao mesmo tempo.

Você nasceu para se mover, para andar, correr e caçar. Você nasceu para ser um atleta. Não importa se está fora de forma, ainda há um caminho de volta. Ele pode ser longo, repleto de retrocessos e frustrações, mas está ali. Tudo o que você precisa fazer é dar aquele primeiro passo em direção a um novo você. Depois dê o próximo, e o próximo.

E ninguém sabe o que está no futuro, mas a vida tem que ser vivida, movendo-se para frente e avaliada quando se olha para trás.

O que posso dizer é que o passado está exatamente onde sempre esteve: atrás de você. Todo o pesar, a glória, a esperança e a dor que estavam lá ontem estarão amanhã. Você não corre nenhum perigo de perder contato com o que você foi. No entanto, posso assegurar que o que está à frente é mais iluminado, mais divertido, mais gratificante e preenchido com muito mais alegria, se você estiver ativo. E vale a pena o esforço.

Ginguemos adiante, amigos!

Apêndice

Corrida para mortais – Programa de treinamento de caminhada de 5 km

O Programa de Treinamento de Caminhada de 5 km é mais adequado para aqueles que querem caminhar ou estão inativos há 4 meses ou mais.

Dia	2ª feira	3ª feira	4ª feira
Modalidade	**Caminhada**	***Cross-training* ou descanso**	**Caminhada *Acelerações**
Ritmo ou intensidade	**Conversável**	**Moderado**	**Conversável + Desafiador**
I-Escala de velocidade	6,5-7,5	6-7	7-8
Frequência cardíaca	65-75%	60-70%	70-80%
1ª semana	25 min	30 min	25 min
2ª semana	25 min	30 min	25 min
3ª semana	25 min	30 min	30 min
4ª semana	30 min	30 min	30 min
5ª semana	30 min	30 min	35 min *Aceleração
6ª semana	30 min	30-40 min	35 min *Aceleração
7ª semana	35 min	30-40 min	35 min *Aceleração
8ª semana	35 min	30-40 min	40 min *Aceleração
9ª semana	40 min	30-40 min	40 min *Aceleração
10ª semana	30 min	30 min	30 min *Aceleração
Semana pós-competição	35 min	30 min	Descansar

Após uma competição é o momento perfeito para estabelecer outra meta. Se você quiser manter esse programa, continue repetindo a 8ª semana. Se deseja progredir, considere caminhar 10 km, ou seguir o Programa de Treinamento de Caminhada-Corrida de 5 km.

O essencial da tabela

Exercício de caminhada-corrida: Caminhe em um ritmo conversável (que você ainda pode falar) a 6-7 na I-Escala de velocidade, ou se estiver usando um monitor de frequência cardíaca, ao máximo de 60-70%. Essa passada deve estar um nível acima da sua passada fácil de aquecimento ou um nível no qual você esteja respirando um pouco mais vigorosamente.

***Acelerações:** Caminhe em um ritmo fácil e inclua 3 ou 4 acelerações curtas de 30 segundos durante a corrida. Acelere a sua passada para um ritmo desafiador, que você possa ouvir a sua respiração e se sentir fora da zona de conforto. Isso NÃO significa, de maneira nenhuma, uma velocidade exaustiva, simplesmente o nível acima do qual você estava caminhando. Mantenha a aceleração por, no máximo, 30 segundos. Seu nível de esforço deve ser 8 na I-Escala de velocidade, ou 80% do máximo de frequência cardíaca.

5ª feira	6ª feira	Sábado	Domingo
Dia de descanso	***Cross-training* ou descanso**	**Caminhada**	**Dia de descanso**
	Moderado	**Conversável**	
	6,5-7,5	6-7	
	65-75%	60-70%	
Descansar	30 min	30 min	Descansar
Descansar	30 min	30 min	Descansar
Descansar	30 min	35 min	Descansar
Descansar	30 min	35 min	Descansar
Descansar	30 min	40 min	Descansar
Descansar	30-40 min	40 min	Descansar
Descansar	30-40 min	45 min	Descansar
Descansar	30-40 min	50 min	Descansar
Descansar	30-40 min	45 min	Descansar
Descansar	30 min	Caminhar 5 km	Descansar
Descansar	30 min	40 min	Descansar

Cross-training: Inclua atividades que não sejam corrida nem caminhada. Se você está iniciando um estilo de vida ativo e está inativo, descanse nos dias de *cross-training* pelas primeiras 4 semanas e depois adicione os exercícios de *cross-training* à programação, quando ele aparecer. Ciclismo, natação, Pilates/yoga, treinamento de força, treinamento elíptico, subida de degraus e spinning são ótimas modalidades de *cross-training* para o treinamento de 5 km. O *cross-training* permite que você descanse os músculos, enquanto treina grupos de músculos opostos, e reduz o risco de excesso de treinamento e lesões. Isso ajuda na recuperação de velocidade e diminui o esgotamento. (Ver os exercícios de treinamento de força no capítulo 14.) Atividades de *cross-training* devem ser feitas em ritmo moderado de 6-7 na I-Escala de velocidade, ou 60-70% do máximo de frequência cardíaca.

Corrida para mortais – Programa de treinamento de caminhada-corrida de 5 km

O Programa de Treinamento de Caminhada-Corrida de 5 km é mais adequado para aqueles que caminham ou se exercitam regularmente 2 ou 3 vezes por semana há, no mínimo, 3 a 4 meses.

Dia	2ª feira	3ª feira	4ª feira
Modalidade	Caminhada-corrida	*Cross-training* ou descanso	Caminhada-corrida
Ritmo ou intensidade	Conversável	Moderado	Conversável
I-Escala de velocidade	6,5-7,5	6-7	6,5-7,5
Frequência cardíaca	65-75%	60-70%	65-75%
1ª semana	Correr 1 min; Caminhar 3 min. Repetir 6 vezes para um total de 24 min.	30-40 min	Correr 1 min; Caminhar 3 min. Repetir 6 vezes para um total de 24 min.
2ª semana	Correr 1 min; Caminhar 3 min. Repetir 6 vezes para um total de 24 min.	30-40 min	Correr 1 min; Caminhar 3 min. Repetir 6 vezes para um total de 24 min.
3ª semana	Correr 1 min; Caminhar 3 min. Repetir 6 vezes para um total de 24 min.	30-40 min	Correr 1 min; Caminhar 3 min. Repetir 7 vezes para um total de 28 min.
4ª semana	Correr 1 min; Caminhar 3 min. Repetir 7 vezes para um total de 28 min.	30-40 min	Correr 1 min; Caminhar 3 min. Repetir 7 vezes para um total de 28 min.
5ª semana	Correr 1 min; Caminhar 3 min. Repetir 7 vezes para um total de 28 min.	30-40 min	Correr 1 min; Caminhar 3 min. Repetir 7 vezes para um total de 28 min.
6ª semana	Correr 2 min; Caminhar 3 min. Repetir 6 vezes para um total de 30 min.	30-40 min	Correr 2 min; Caminhar 3 min. Repetir 6 vezes para um total de 30 min.

5ª feira	6ª feira	Sábado	Domingo
Dia de descanso	***Cross-training* ou descanso**	**Caminhada-corrida**	**Dia de descanso**
	Moderado	**Conversável**	
	6-7	6,5-7,5	
	60-70%	65-75%	
Descansar	30-40 min	Correr 1 min; Caminhar 3 min. Repetir 6 vezes para um total de 24 min.	Descansar
Descansar	30-40 min	Correr 1 min; Caminhar 3 min. Repetir 6 vezes para um total de 24 min.	Descansar
Descansar	30-40 min	Correr 1 min; Caminhar 3 min. Repetir 7 vezes para um total de 28 min.	Descansar
Descansar	30-40 min	Correr 1 min; Caminhar 3 min. Repetir 7 vezes para um total de 28 min.	Descansar
Descansar	30-40 min	Correr 2 min; Caminhar 3 min. Repetir 6 vezes para um total de 30 min.	Descansar
Descansar	30-40 min	Correr 2 min; Caminhar 3 min. Repetir 7 vezes para um total de 35 min.	Descansar

(continua)

(continuação)

Dia	2ª feira	3ª feira	4ª feira
Modalidade	**Caminhada-corrida**	***Cross-training* ou descanso**	**Caminhada-corrida**
Ritmo ou intensidade	**Conversável**	**Moderado**	**Conversável**
7ª semana	Correr 2 min; Caminhar 3 min. Repetir 6 vezes para um total de 30 min.	30-40 min	Correr 2 min; Caminhar 3 min. Repetir 7 vezes para um total de 35 min.
8ª semana	Correr 2 min; Caminhar 3 min. Repetir 7 vezes para um total de 35 min.	30-40 min	Correr 2 min; Caminhar 2 min. Repetir 9 vezes para um total de 36 min.
9ª semana	Correr 2 min; Caminhar 2 min. Repetir 9 vezes para um total de 36 min.	30-40 min	Correr 2 min; Caminhar 2 min. Repetir 9 vezes para um total de 36 min.
10ª semana	Correr 2 min; Caminhar 2 min. Repetir 9 vezes para um total de 36 min.	Descansar	Correr 2 min; Caminhar 2 min. Repetir 8 vezes para um total de 32 min.
Semana pós-competição	Correr 2 min; Caminhar 2 min. Repetir 9 vezes para um total de 36 min.	Descansar	Correr 2 min; Caminhar 2 min. Repetir 9 vezes para um total de 36 min.

Após uma competição é o momento perfeito para estabelecer outra meta. Se você quiser manter esse programa, continue repetindo a 8ª semana. Se deseja progredir para mais corrida, siga o Programa de Treinamento de Corrida-Caminhada de 5 km.

O essencial da tabela

Exercício de caminhada-corrida: Depois do aquecimento, caminhe em ritmo rápido. Corra em uma velocidade conversável (que você ainda pode falar) durante o número de minutos prescrito e siga com a caminhada em ritmo rápido durante os minutos pré-determinados. Exemplo: Corra por 1 minuto; caminhe por 3 minutos. Repita a sequência 6 vezes para um total de 24 minutos.

5ª feira	6ª feira	Sábado	Domingo
Dia de descanso	***Cross-training* ou descanso**	**Caminhada-corrida**	**Dia de descanso**
	Moderado	**Conversável**	
Descansar	30-40 min	Correr 2 min; Caminhar 3 min. Repetir 8 vezes para um total de 40 min.	Descansar
Descansar	30-40 min	Correr 2 min; Caminhar 3 min. Repetir 8 vezes para um total de 40 min.	Descansar
Descansar	30-40 min	Correr 2 min; Caminhar 2 min. Repetir 10 vezes para um total de 40 min.	Descansar
30 min	Descansar	Corrida 5 km Correr 2 min; Caminhar 2 min. do início ao fim	Descansar
Descansar	30 min	Correr 2 min; Caminhar 2 min. Repetir 10 vezes para um total de 40 min.	Descansar

Cross-training: Inclua atividades que não sejam corrida nem caminhada. Se você está iniciando um estilo de vida ativo e está inativo, descanse nos dias de *cross-training* pelas primeiras 4 semanas e depois adicione os exercícios de *cross-training* a programação da 5ª semana. Se você já está ativo há 3 ou 4 dias, siga a programação como ela aparece. Ciclismo, Pilates/yoga, treinamento de força, treinamento elíptico, subida de degraus e spinning são ótimas modalidades de *cross-training* para o treinamento de 5 km. O *cross-training* permite que você descanse os músculos, enquanto treina grupos de músculos opostos, e reduz o risco de excesso de treinamento e lesões. Isso ajuda na recuperação de velocidade e diminui o esgotamento. (Ver os exercícios de treinamento de força no capítulo 14.) Atividades de *cross-training* devem ser feitas em ritmo moderado de 6-7 na I-Escala de velocidade, ou 60-70% do máximo de frequência cardíaca.

Corrida para mortais – Programa de treinamento de corrida-caminhada de 5 km

O Programa de Treinamento de Corrida-Caminhada é mais adequado para aqueles que correrão 5 km pela primeira vez, aqueles que correm esporadicamente há alguns meses, ou corredores que estão retomando o programa depois de uma lesão.

Dia	2ª feira	3ª feira	4ª feira
Modalidade	**Corrida-caminhada**	***Cross-training* ou descanso**	**Corrida-caminhada**
Ritmo ou intensidade	**Conversável**	**Moderado**	
I-Escala de velocidade	6,5-7,5	6-7	6,5-7,5
Frequência cardíaca	65-75%	60-70%	65-75%
1ª semana	Correr 3 min; Caminhar 2 min. Repetir 5 vezes para um total de 25 min.	30-40 min	Correr 3 min; Caminhar 2 min. Repetir 5 vezes para um total de 25 min.
2ª semana	Correr 3 min; Caminhar 2 min. Repetir 5 vezes para um total de 25 min.	30-40 min	Correr 3 min; Caminhar 2 min. Repetir 5 vezes para um total de 25 min.
3ª semana	Correr 3 min; Caminhar 2 min. Repetir 5 vezes para um total de 25 min.	30-40 min	Correr 3 min; Caminhar 2 min. Repetir 6 vezes para um total de 30 min.
4ª semana	Correr 3 min; Caminhar 2 min. Repetir 6 vezes para um total de 30 min.	30-40 min	Correr 3 min; Caminhar 2 min. Repetir 6 vezes para um total de 30 min.
5ª semana	Correr 4 min; Caminhar 2 min. Repetir 5 vezes para um total de 30 min.	30-40 min	Correr 4 min; Caminhar 2 min. Repetir 5 vezes para um total de 30 min.
6ª semana	Correr 4 min; Caminhar 2 min. Repetir 5 vezes para um total de 30 min.	30-40 min	Correr 4 min; Caminhar 2 min. Repetir 6 vezes para um total de 36 min.

	5ª feira	6ª feira	Sábado	Domingo
	Dia de descanso	***Cross-training* ou descanso**	**Corrida-caminhada**	**Dia de descanso**
		Moderado	**Conversável**	
		6-7	6,5-7,5	
		60-70%	65-75%	
	Descansar	30-40 min	Correr 3 min; Caminhar 2 min. Repetir 5 vezes para um total de 25 min.	Descansar
	Descansar	30-40 min	Correr 3 min; Caminhar 2 min. Repetir 5 vezes para um total de 25 min.	Descansar
	Descansar	30-40 min	Correr 3 min; Caminhar 2 min. Repetir 6 vezes para um total de 30 min.	Descansar
	Descansar	30-40 min	Correr 3 min; Caminhar 2 min. Repetir 6 vezes para um total de 30 min.	Descansar
	Descansar	30-40 min	Correr 4 min; Caminhar 2 min. Repetir 6 vezes para um total de 36 min.	Descansar
	Descansar	30-40 min	Correr 4 min; Caminhar 2 min. Repetir 6 vezes para um total de 36 min.	Descansar

(continua)

(continuação)

Dia	2ª feira	3ª feira	4ª feira
Modalidade	Corrida-caminhada	*Cross-training* ou descanso	Corrida-caminhada
Ritmo ou intensidade	Conversável	Moderado	
7ª semana	Correr 4 min; Caminhar 2 min. Repetir 6 vezes para um total de 36 min.	30-40 min	Correr 4 min; Caminhar 1 min. Repetir 7 vezes para um total de 35 min.
8ª semana	Correr 4 min; Caminhar 2 min. Repetir 6 vezes para um total de 36 min.	30-40 min	Correr 4 min; Caminhar 1 min. Repetir 7 vezes para um total de 35 min.
9ª semana	Correr 4 min; Caminhar 1 min. Repetir 8 vezes para um total de 40 min.	30-40 min	Correr 5 min; Caminhar 1 min. Repetir 7 vezes para um total de 42 min.
10ª semana	Correr 5 min; Caminhar 1 min. Repetir 5 vezes para um total de 30 min.	Descansar	Correr 5 min; Caminhar 1 min. Repetir 5 vezes para um total de 30 min.
Semana pós-competição	Correr 5 min; Caminhar 1 min. Repetir 6 vezes para um total de 36 min.	Descansar	Correr 5 min; Caminhar 1 min. Repetir 6 vezes para um total de 36 min.

Após uma competição é o momento perfeito para estabelecer outra meta. Se você quiser manter esse programa, continue repetindo a 8ª semana. Se deseja correr 10 km, siga o Programa de Treinamento de Corrida-Caminhada de 10 km.

O essencial da tabela

Exercício de caminhada-corrida: Depois do aquecimento, caminhe por 5 minutos em ritmo rápido. Corra em uma velocidade conversável (que você ainda pode falar) durante o número de minutos prescrito e siga com a caminhada em um ritmo rápido durante os minutos pré-determinados. Exemplo: Corra por 3 minutos; caminhe por 2 minutos. Repita a sequência 5 vezes para um total de 25 minutos.

5ª feira	6ª feira	Sábado	Domingo
Dia de descanso	***Cross-training* ou descanso**	**Caminhada-corrida**	**Dia de descanso**
	Moderado	**Conversável**	
Descansar	30-40 min	Correr 4 min; Caminhar 1 min. Repetir 8 vezes para um total de 40 min.	Descansar
Descansar	30-40 min	Correr 4 min; Caminhar 1 min. Repetir 8 vezes para um total de 40 min.	Descansar
Descansar	30-40 min	Correr 5 min; Caminhar 1 min. Repetir 7 vezes para um total de 42 min.	Descansar
Descansar	Descansar	Corrida de 5 km Correr 5 min. Caminhar 1 min. do início ao fim.	Descansar
Descansar	30 min	Correr 5 min; Caminhar 1 min. Repetir 7 vezes para um total de 42 min.	Descansar

Cross-training: Inclua atividades que não sejam corrida nem caminhada. Se você está iniciando um estilo de vida ativo e está inativo, descanse nos dias de *cross-training* pelas primeiras 4 semanas e depois adicione os exercícios de *cross-training* à programação da 5ª semana. Se você já está ativo há 3 ou 4 dias, siga a programação como ela aparece. Ciclismo, Pilates/yoga, treinamento de força, treinamento elíptico, subida de degraus e spinning são ótimas modalidades de *cross-training* para o treinamento de 5 km. O *cross-training* permite que você descanse os músculos, enquanto treina grupos de músculos opostos, e reduz o risco de excesso de treinamento e lesões. Isso ajuda na recuperação de velocidade e diminui o esgotamento. (Ver os exercícios de treinamento de força no capítulo 14.) Atividades de *cross-training* devem ser feitas em ritmo moderado de 6-7 na I-Escala de velocidade, ou 60-70% do máximo de frequência cardíaca.

CORRIDA PARA MORTAIS – PROGRAMA DE TREINAMENTO DE CORRIDA DE 5 KM

O Programa de Treinamento de Corrida de 5 km é mais adequado para aqueles que correm por 20 a 30 minutos, no mínimo 2 ou 3 vezes por semana, há pelo menos 4 meses.

Dia	2ª feira	3ª feira	4ª feira
Modalidade	**Corrida**	***Cross-training* ou descanso**	**Corrida *Acelerações**
Ritmo ou intensidade	**Conversável**	**Moderado**	**Conversável + Desafiador**
I-Escala de velocidade	6,7-7,5	6-7	7-8
Frequência cardíaca	65-75%	60-70%	70-80%
1ª semana	25 min	30-40 min	25 min
2ª semana	25 min	30-40 min	25 min
3ª semana	25 min	30-40 min	30 min
4ª semana	30 min	30-40 min	30 min
5ª semana	30 min	30-40 min	35 min
6ª semana	35 min	30-40 min	35 min
7ª semana	35 min	30-40 min	40 min
8ª semana	40 min	30-40 min	40 min
9ª semana	40 min	30-40 min	35 min
10ª semana	35 min	Descansar	30 min
Semana pós-competição	35 min	30 min	35 min

Após uma competição é o momento perfeito para estabelecer outra meta. Se você quiser manter esse programa, continue repetindo a 8ª semana. Se deseja correr para melhorar o seu tempo, considere seguir o Programa de Treinamento Avançado de Corrida de 5 km. Se deseja correr 10 km, siga o Programa de Treinamento de Corrida de 10 km.

O essencial da tabela

Exercício de corrida: Depois do aquecimento, caminhe por 5 minutos em ritmo rápido. Corra em uma velocidade conversável (que você ainda pode falar) a 6-7 da I-Escala de velocidade ou, se estiver usando um monitor de frequência cardíaca, ao máximo de 65-75%.

***Acelerações:** Corra em um ritmo fácil e inclua 3 ou 4 acelerações curtas de 30 segundos durante a corrida. Acelere a sua passada para um ritmo desafiador, que você possa ouvir a sua respiração e se sentir fora da zona de conforto. Isso NÃO significa, de maneira nenhuma, uma velocidade exaustiva, simplesmente o nível acima do qual você estava caminhando. Mantenha a aceleração por, no máximo, 30 segundos. Seu nível de esforço deve ser 8 na I-Escala de velocidade, ou 80% do máximo de frequência cardíaca.

5ª feira	6ª feira	Sábado	Domingo
Caminhada	***Cross-training* ou descanso**	**Caminhada**	**Dia de descanso**
	Moderado	**Conversável**	
	6-7	6,5-7,5	
	60-70%	65-75%	
Descansar	30-40 min	30 min	Descansar
Descansar	30-40 min	30 min	Descansar
Descansar	30-40 min	35 min	Descansar
Descansar	30-40 min	35 min	Descansar
Descansar	30-40 min	40 min	Descansar
Descansar	30-40 min	40 min	Descansar
Descansar	30-40 min	45 min	Descansar
Descansar	30-40 min	45 min	Descansar
Descansar	30-40 min	40 min	Descansar
Descansar	Descansar	Competir 5 km	Descansar
Descansar	30 min	40 min	Descansar

Cross-training: Inclua atividades que não sejam corrida nem caminhada. Se você está iniciando um estilo de vida ativo e está inativo, descanse nos dias de *cross-training* pelas primeiras 4 semanas e depois adicione os exercícios de *cross-training* à programação da 5ª semana. Se você já está ativo há 3 ou 4 dias, siga a programação como ela aparece. Ciclismo, Pilates/yoga, treinamento de força, treinamento elíptico, subida de degraus e spinning são ótimas modalidades de *cross-training* para o treinamento de 5 km. O *cross-training* permite que você descanse os músculos, enquanto treina grupos de músculos opostos, e reduz o risco de excesso de treinamento e lesões. Isso ajuda na recuperação de velocidade e diminui o esgotamento. (Ver os exercícios de treinamento de força no capítulo 14.) Atividades de *cross-training* devem ser feitas em ritmo moderado de 6-7 na I-Escala de velocidade, ou 60-70% do máximo de frequência cardíaca.

Corrida para mortais – Programa avançado de treinamento de corrida de 5 km

O Programa de Treinamento Avançado de Corrida de 5 km é mais adequado para aqueles que correm por 40 a 50 minutos, no mínimo 4 vezes por semana, há pelo menos 1 ano.

Dia	2ª feira	3ª feira	4ª feira
Modalidade	**Corrida**	***Cross-training***	**Corrida**
Ritmo ou intensidade	**Conversável**	**Moderado**	**Desafiador**
I-Escala de velocidade	6,5-7,5	6-7	8-9
Frequência cardíaca	65-75%	60-70%	80-90%
1ª semana	40 min	30-45 min	45 min *Acelerações
2ª semana	40 min	30-45 min	45 min *Acelerações
3ª semana	40 min	30-45 min	45 min *Acelerações
4ª semana	45 min	30-45 min	45 min *Exercício de velocidade A
5ª semana	45 min	30-45 min	45 min *Exercício de velocidade A
6ª semana	45 min	30-45 min	45 min *Exercício de velocidade B
7ª semana	45 min	30-45 min	45 min *Exercício de velocidade B
8ª semana	45 min	30-45 min	45 min *Exercício de velocidade C
9ª semana	45 min	30-45 min	45 min *Exercício de velocidade C

5ª feira	6ª feira	Sábado	Domingo
Cross-training	Corrida	Corrida	Dia de descanso
Moderado	Conversável	Conversável	
6-7	6,5-7,5	6,5-7,5	
60-70%	65-75%	65-75%	
30-45 min	40 min	45 min	Descansar
30-45 min	40 min	45 min	Descansar
30-45 min	40 min	50 min	Descansar
30-45 min	40 min	50 min	Descansar
30-45 min	40 min	45 min	Descansar
30-45 min	40 min	60 min	Descansar
30-45 min	40 min	50 min	Descansar
30-45 min	40 min	60 min	Descansar
30-45 min	40 min	45 min	Descansar

(continua)

(continuação)

Dia	2ª feira	3ª feira	4ª feira
Modalidade	Corrida	*Cross-training* ou descanso	Corrida
Ritmo ou intensidade	Conversável	Moderado	Desafiador
10ª semana	40 min	Descansar	40 min *Exercício de velocidade D
Semana pós-competição	35 min	30 min	35 min
Após uma competição é o momento perfeito para estabelecer outra meta. Se você quiser manter esse programa, continue repetindo as 4ª a 8ª semanas. Se deseja correr 10 km, siga o Programa de Treinamento Avançado de Corrida de 10 km.			

O essencial da tabela

Exercício avançado de corrida: Após o aquecimento, caminhe por 5 minutos em ritmo rápido. Corra em uma velocidade conversável (que você ainda pode falar) a 6-7 na I-Escala de velocidade ou, se você estiver usando um monitor de frequência cardíaca, ao máximo de 65-75%.

***Exercício de velocidade A:** Após o aquecimento, caminhe por 5 minutos em ritmo rápido. Corra por 10 minutos em uma passada fácil. Depois, repita 5 vezes o seguinte: Corra rapidamente por 1 minuto a 85-90% do máximo de frequência cardíaca ou a 8-9 na I-Escala de velocidade, seguido por uma corrida de 3 minutos em passada fácil para se recuperar. É fundamental ser disciplinado e correr as partes fáceis com facilidade. Caso contrário, a qualidade da sua corrida e o seu progresso ficarão prejudicados. Depois das repetições de 1 minuto, corra por 5 minutos sem esforço, depois relaxe.

***Exercício de velocidade B:** Após o aquecimento, caminhe por 5 minutos em ritmo rápido. Corra por 5 minutos em uma passada fácil. Depois, repita 5 vezes o seguinte: Corra rapidamente por 2 minutos a 85-90% do máximo de frequência cardíaca ou a 8-9 na I-Escala de velocidade, seguido por uma corrida de 3 minutos em passada fácil para se recuperar. É fundamental ser disciplinado e correr as partes fáceis com facilidade. Caso contrário, a qualidade da sua corrida e o seu progresso ficarão prejudicados. Depois das repetições de 2 minutos, corra por 5 minutos sem esforço, depois relaxe.

***Exercício de velocidade C:** Após o aquecimento, caminhe por 5 minutos em ritmo rápido. Corra por 5 minutos em uma passada fácil. Depois, repita 6 vezes o seguinte: Corra rapidamente por 2 minutos a 85-90% do máximo de frequência cardíaca ou a 8-9 na I-Escala de velocidade, seguido por uma corrida de 2 minutos em passada fácil para se recuperar. É fundamental ser disciplinado e correr as partes fáceis com facilidade. Caso contrário, a qualidade da sua corrida e o seu progresso ficarão prejudicados. Depois das repetições de 2 minutos, corra por 5 minutos sem esforço, depois relaxe.

5ª feira	6ª feira	Sábado	Domingo
***Cross-training* ou descanso**	**Corrida**	**Corrida**	**Dia de descanso**
Moderado	**Conversável**	**Moderado**	
Descansar	30 min	Competir 5 km	Descansar
Descansar	30 min	40 min	35 min

***Exercício de velocidade D:** Após o aquecimento, caminhe por 5 minutos em ritmo rápido. Depois, repita 4 vezes o seguinte: Corra rapidamente por 1 minuto a 85-90% do máximo de frequência cardíaca ou a 8-9 na I-Escala de velocidade, seguido por uma corrida de 3 minutos em passada fácil para se recuperar. É fundamental ser disciplinado e correr as partes fáceis com facilidade. Caso contrário, a qualidade da sua corrida e o seu progresso ficarão prejudicados. Depois das repetições de 1 minuto, corra por 5 minutos sem esforço, depois relaxe.

***Acelerações:** Corra em ritmo fácil e inclua 3 ou 4 acelerações curtas de 30 segundos durante a corrida. Acelere a sua passada para um ritmo desafiador, que você possa ouvir a sua respiração e se sentir fora da zona de conforto. Isso NÃO significa, de maneira nenhuma, uma velocidade exaustiva, simplesmente o nível acima do qual você estava caminhando. Mantenha a aceleração por, no máximo, 30 segundos. Seu nível de esforço deve ser 8 na I-Escala de velocidade, ou 80% do máximo de frequência cardíaca.

Cross-training: Inclua atividades que não sejam corrida nem caminhada. Se você está iniciando um estilo de vida ativo e está inativo, descanse nos dias de exercícios *cross-training* pelas primeiras 4 semanas e depois adicione os exercícios de *cross-training* à programação da 5ª semana. Se você já está ativo há 3 ou 4 dias, siga a programação como ela aparece. Ciclismo, Pilates/yoga, treinamento de força, treinamento elíptico, subida de degraus e spinning são ótimas modalidades de *cross-training* para o treinamento de 5 km. O *cross-training* permite que você descanse os músculos, enquanto treina grupos de músculos opostos, e reduz o risco de excesso de treinamento e lesões. Isso ajuda na recuperação de velocidade e diminui o esgotamento. (Ver os exercícios de treinamento de força no capítulo 14.) Atividades de *cross-training* devem ser feitas em ritmo moderado de 6-7 na I-Escala de velocidade, ou 60-70% do máximo de frequência cardíaca.

Corrida para mortais – Programa de treinamento de caminhada-corrida de 10 km

O Programa de Treinamento de Caminhada-Corrida de 10 km é mais adequado para aqueles que correm-caminham por 40 minutos, no mínimo 3 a 4 vezes por semana, há pelo menos 4 meses, para corredores que concluíram o Programa de Treinamento de Caminhada-Corrida de 5 km, ou competiram e querem progredir para uma distância maior.

Dia	2ª feira	3ª feira	4ª feira
Modalidade	**Caminhada-corrida**	***Cross-training* ou descanso**	**Caminhada-corrida**
Ritmo ou intensidade	**Conversável**	**Moderado**	
I-Escala de velocidade	6,5-7,5	6-7	6,5-7,5
Frequência cardíaca	65-75%	60-70%	65-75%
1ª semana	Correr 2 min; Caminhar 2 min. Repetir 10 vezes para um total de 40 min.	30-45 min	Correr 2 min; Caminhar 2 min. Repetir 10 vezes para um total de 40 min.
2ª semana	Correr 2 min; Caminhar 2 min. Repetir 10 vezes para um total de 40 min.	30-45 min	Correr 2 min; Caminhar 2 min. Repetir 10 vezes para um total de 40 min.
3ª semana	Correr 3 min; Caminhar 2 min. Repetir 8 vezes para um total de 40 min.	30-45 min	Correr 3 min; Caminhar 2 min. Repetir 8 vezes para um total de 40 min.
4ª semana	Correr 3 min; Caminhar 2 min. Repetir 8 vezes para um total de 40 min.	30-45 min	Correr 3 min; Caminhar 2 min. Repetir 8 vezes para um total de 40 min.
5ª semana	Correr 3 min; Caminhar 2 min. Repetir 8 vezes para um total de 40 min.	30-45 min	Correr 4 min; Caminhar 2 min. Repetir 7 vezes para um total de 30 min.
6ª semana	Correr 4 min; Caminhar 2 min. Repetir 7 vezes para um total de 42 min.	30-45 min	Correr 4 min; Caminhar 2 min. Repetir 7 vezes para um total de 42 min.

	5ª feira	6ª feira	Sábado	Domingo
	Cross-training ou descanso	Caminhada-corrida ou descanso	Caminhada-corrida	Dia de descanso
	Moderado	Conversável	Conversável	
	6-7	6,5-7,5	6,5-7,5	
	60-70%	65-75%	65-75%	
	30-45 min	Descansar	40-min	Descansar
	30-45 min	Descansar	Correr 3 min; Caminhar 2 min. Repetir 10 vezes para um total de 25 min.	Descansar
	30-45 min	Descansar	Correr 2 min; Caminhar 2 min. Repetir 11 vezes para um total de 44 min.	Descansar
	30-45 min	Correr 2 min; Caminhar 2 min. Repetir 9 vezes para um total de 36 min.	Correr 3 min; Caminhar 2 min. Repetir 9 vezes para um total de 45 min.	Descansar
	30-45 min	Correr 2 min; Caminhar 2 min. Repetir 9 vezes para um total de 36 min.	Correr 3 min; Caminhar 2 min. Repetir 10 vezes para um total de 50 min.	Descansar
	30-45 min	Correr 2 min; Caminhar 2 min. Repetir 9 vezes para um total de 36 min.	Correr 4 min; Caminhar 2 min. Repetir 8 vezes para um total de 48 min.	Descansar

(continua)

(continuação)

Dia	2ª feira	3ª feira	4ª feira
Modalidade	Caminhada-corrida	*Cross-training* ou descanso	Caminhada-corrida
Ritmo ou intensidade	Conversável	Moderado	Conversável
7ª semana	Correr 4 min; Caminhar 2 min. Repetir 7 vezes para um total de 42 min.	30-45 min	Correr 5 min; Caminhar 2 min. Repetir 6 vezes para um total de 42 min.
8ª semana	Correr 5 min; Caminhar 2 min. Repetir 6 vezes para um total de 42 min.	30-45 min	Correr 5 min; Caminhar 2 min. Repetir 7 vezes para um total de 49 min.
9ª semana	Correr 5 min; Caminhar 2 min. Repetir 6 vezes para um total de 42 min.	30-45 min	Correr 5 min; Caminhar 1 min. Repetir 8 vezes para um total de 48 min.
10ª semana	Correr 5 min; Caminhar 1 min. Repetir 7 vezes para um total de 42 min.	Descansar	Correr 5 min; Caminhar 1 min. Repetir 6 vezes para um total de 36 min.
Semana pós-competição	Correr 5 min; Caminhar 1 min. Repetir 6 vezes para um total de 36 min.	Descansar	Correr 5 min; Caminhar 1 min. Repetir 7 vezes para um total de 42 min.

Após uma competição é o momento perfeito para estabelecer outra meta. Se você quiser manter esse programa, continue repetindo as 4ª a 8ª semanas. Se deseja correr mais, siga o Programa de Treinamento de Corrida-Caminhada de 10 km. Se deseja correr mais longe, siga o programa de Corrida-Caminhada em *Maratona para mortais* (a ser publicado em 2010 pela Editora Gente).

O essencial da tabela

Exercício de caminhada-corrida: Faça o aquecimento caminhando por 5 minutos em ritmo rápido. Corra em uma velocidade conversável (que você ainda pode falar) durante o número de minutos prescrito e siga com a caminhada em um ritmo rápido durante os minutos pré-determinados. Exemplo: Corra por 2 minutos; caminhe por 2 minutos. Repita a sequência 10 vezes para um total de 40 minutos.

5ª feira	6ª feira	Sábado	Domingo
Cross-training ou descanso	Caminhada-corrida ou descanso	Caminhada-corrida	Dia de descanso
Moderado	Conversável	Conversável	
30-45 min	Correr 3 min; Caminhar 2 min. Repetir 7 vezes para um total de 35 min.	Correr 4 min; Caminhar 2 min. Repetir 9 vezes para um total de 54 min.	Descansar
30-45 min	Correr 3 min; Caminhar 2 min. Repetir 7 vezes para um total de 35 min.	Correr 5 min; Caminhar 2 min. Repetir 8 vezes para um total de 56 min.	Descansar
30-45 min	Correr 3 min; Caminhar 2 min. Repetir 7 vezes para um total de 35 min.	Correr 5 min; Caminhar 1 min. Repetir 9 vezes para um total de 54 min.	Descansar
30 min	Descansar	Corrida de 10 km Correr 5 min. Caminhar 1 min. do início ao fim.	Descansar
30 min	Descansar	48 min	Descansar

Cross-training: Inclua atividades que não sejam corrida nem caminhada. Se você está iniciando um estilo de vida ativo e está inativo, descanse nos dias de *cross-training* pelas primeiras 4 semanas, e depois adicione os exercícios de *cross-training* à programação da 5ª semana. Se você já está ativo há 3 ou 4 dias, siga a programação como ela aparece. Ciclismo, Pilates/yoga, treinamento de força, treinamento elíptico, subida de degraus e spinning são ótimas modalidades de *cross-training* para o treinamento de 5 km. O *cross-training* permite que você descanse os músculos, enquanto treina grupos de músculos opostos, e reduz o risco de excesso de treinamento e lesões. Isso ajuda na recuperação de velocidade e diminui o esgotamento. (Ver os exercícios de treinamento de força no capítulo 14.) Atividades de *cross-training* devem ser feitas em ritmo moderado de 6-7 na I-Escala de velocidade, ou 60-70% do máximo de frequência cardíaca.

Corrida para mortais – Programa de treinamento de corrida-caminhada de 10 km

O Programa de Treinamento de Corrida-Caminhada de 10 km é mais adequado para aqueles que correm-caminham por 40-45 minutos, no mínimo 4 vezes por semana, há pelo menos 4 meses, para corredores que concluíram o Programa de Treinamento de Corrida-Caminhada de 5 km ou competiram e querem progredir para uma distância maior.

Dia	2ª feira	3ª feira	4ª feira
Modalidade	**Corrida-caminhada**	***Cross-training* ou descanso**	**Corrida-caminhada**
Ritmo ou intensidade	**Conversável**	**Moderado**	**Conversável**
I-Escala de velocidade	6,5-7,5	6-7	6,5-7,5
Frequência cardíaca	65-75%	60-70%	65-75%
1ª semana	Correr 5 min; Caminhar 1 min. Repetir 7 vezes para um total de 42 min.	30-45 min	Correr 5 min; Caminhar 1 min. Repetir 7 vezes para um total de 42 min.
2ª semana	Correr 5 min; Caminhar 1 min. Repetir 7 vezes para um total de 42 min.	30-45 min	Correr 5 min; Caminhar 1 min. Repetir 7 vezes para um total de 42 min.
3ª semana	Correr 5 min; Caminhar 1 min. Repetir 7 vezes para um total de 42 min.	30-45 min	Correr 5 min; Caminhar 1 min. Repetir 8 vezes para um total de 48 min.
4ª semana	Correr 6 min; Caminhar 1 min. Repetir 6 vezes para um total de 42 min.	30-45 min	Correr 6 min; Caminhar 1 min. Repetir 7 vezes para um total de 49 min.
5ª semana	Correr 6 min; Caminhar 1 min. Repetir 6 vezes para um total de 42 min.	30-45 min	Correr 6 min; Caminhar 1 min. Repetir 7 vezes para um total de 49 min.
6ª semana	49 min Correr 6 min; Caminhar 1 min. Repetir 7 vezes	30-45 min	48 min Correr 7 min; Caminhar 1 min. Repetir 6 vezes

5ª feira	6ª feira	Sábado	Domingo
Cross-training ou descanso	Corrida-caminhada ou descanso	Corrida-caminhada	Dia de descanso
Moderado	Conversável	Conversável	
6-7	6,5-7,5	6,5-7,5	
60-70%	65-75%	65-75%	
30-45 min	Descansar	Correr 5 min; Caminhar 1 min. Repetir 7 vezes para um total de 42 min.	Descansar
30-45 min	Descansar	Correr 5 min; Caminhar 1 min. Repetir 7 vezes para um total de 42 min.	Descansar
30-45 min	Descansar	Correr 5 min; Caminhar 1 min. Repetir 8 vezes para um total de 48 min.	Descansar
30-45 min	Correr 5 min; Caminhar 1 min. Repetir 6 vezes para um total de 36 min.	Correr 6 min; Caminhar 1 min. Repetir 7 vezes para um total de 49 min.	Descansar
30-45 min	Correr 5 min; Caminhar 1min. Repetir 6 vezes para um total de 36 min.	Correr 6 min; Caminhar 1 min. Repetir 8 vezes para um total de 56 min.	Descansar
30-45 min	36 min Correr 5 min; Caminhar 1 min. Repetir 6 vezes	56 min Correr 6 min; Caminhar 1 min. Repetir 8 vezes	Descansar

(continua)

(continuação)

Dia	2ª feira	3ª feira	4ª feira
Modalidade	Corrida-caminhada	*Cross-training* ou descanso	Corrida-caminhada
Intensidade	Conversável	Moderado	Conversável
7ª semana	Correr 7 min; Caminhar 1 min. Repetir 6 vezes para um total de 48 min.	30-45 min	Correr 7 min; Caminhar 1 min. Repetir 6 vezes para um total de 48 min.
8ª semana	Correr 7 min; Caminhar 1 min. Repetir 6 vezes para um total de 48 min.	30-45 min	Correr 8 min; Caminhar 1 min. Repetir 5 vezes para um total de 45 min.
9ª semana	Correr 8 min; Caminhar 1 min. Repetir 5 vezes para um total de 45 min.	30-45 min	Correr 8 min; Caminhar 1 min. Repetir 5 vezes para um total de 45 min.
10ª semana	Correr 8 min; Caminhar 1 min. Repetir 5 vezes para um total de 45 min.	Descansar	Correr 8 min; Caminhar 1 min. Repetir 4 vezes para um total de 36 min.
Semana pós-competição	Correr 8 min; Caminhar 1 min. Repetir 4 vezes para um total de 36 min.	Descansar	Correr 8 min; Caminhar 1 min. Repetir 5 vezes para um total de 45 min.

Após uma competição é o momento perfeito para estabelecer outra meta. Se você quiser manter esse programa, continue repetindo as 4ª a 8ª semanas. Se deseja correr mais, siga o Programa de Treinamento de Corrida de 10 km. Se deseja correr mais longe, siga o Programa de Corrida-Caminhada no *Maratona para mortais* (a ser publicado em 2010 pela Editora Gente).

O essencial da tabela

Exercício de caminhada-corrida: Depois do aquecimento, caminhe por 5 minutos em ritmo rápido. Corra em uma velocidade conversável (que você ainda pode falar) durante o número de minutos prescrito e siga com a caminhada em ritmo rápido durante os minutos pré-determinados. Exemplo: Corra por 5 minutos; caminhe por 1 minuto. Repita a sequência 5 vezes para um total de 30 minutos.

5ª feira	6ª feira	Sábado	Domingo
***Cross-training* ou descanso**	**Corrida-caminhada ou descanso**	**Corrida-caminhada**	**Dia de descanso**
Moderado	**Conversável**	**Conversável**	
30-45 min	Correr 5 min; Caminhar 1 min. Repetir 6 vezes para um total de 36 min.	Correr 7 min; Caminhar 1 min. Repetir 7 vezes para um total de 56 min.	Descansar
30-45 min	Correr 5 min; Caminhar 1 min. Repetir 6 vezes para um total de 36 min.	Correr 7 min; Caminhar 1 min. Repetir 8 vezes para um total de 64 min.	Descansar
30-45 min	Correr 5 min; Caminhar 1 min. Repetir 6 vezes para um total de 36 min.	Correr 8 min; Caminhar 1 min. Repetir 6 vezes para um total de 54 min.	Descansar
30 min	Descansar	Corrida de 10 km Caminhar 1 min cada quilômetro do início ao fim.	Descansar
30 min	Descansar	Correr 8 min; Caminhar 1 min. Repetir 5 vezes para um total de 45 min.	Descansar

Cross-training: Inclua atividades que não sejam corrida nem caminhada. Se você está iniciando um estilo de vida ativo e está inativo, descanse nos dias de *cross-training* pelas primeiras 4 semanas e depois adicione os exercícios de *cross-training* à programação da 5ª semana. Se você já está ativo há 3 ou 4 dias, siga a programação como ela aparece. Ciclismo, Pilates/yoga, treinamento de força, treinamento elíptico, subida de degraus e spinning são ótimas modalidades de *cross-training* para o treinamento de 5 km. O *cross-training* permite que você descanse os músculos, enquanto treina grupos de músculos opostos, e reduz o risco de excesso de treinamento e lesões. Isso ajuda na recuperação de velocidade e diminui o esgotamento. (Ver os exercícios de treinamento de força no capítulo 14.) Atividades de *cross-training* devem ser feitas em ritmo moderado de 6-7 na I-Escala de velocidade, ou 60-70% do máximo de frequência cardíaca.

CORRIDA PARA MORTAIS – PROGRAMA DE TREINAMENTO DE CORRIDA DE 10 KM

O Programa de Treinamento de Corrida de 10 km é mais adequado para aqueles que correm por 40-50 minutos, no mínimo 3 ou 4 vezes por semana, há pelo menos 6 meses.

Dia	2ª feira	3ª feira	4ª feira
Modalidade	Corrida	*Cross-training* ou descanso	Corrida *Acelerações
Ritmo ou intensidade	Conversável	Moderado	Moderado + Desafiador
I-Escala de velocidade	6,7-7,5	6-7	8
Frequência cardíaca	65-75%	60-70%	80%
1ª semana	40 min	30-40 min	40 min
2ª semana	40 min	30-40 min	40 min
3ª semana	40 min	30-40 min	40 min
4ª semana	40 min	30-40 min	45 min
5ª semana	40 min	30-40 min	45 min
6ª semana	40 min	30-40 min	45 min
7ª semana	40 min	30-40 min	50 min
8ª semana	40 min	30-40 min	50 min
9ª semana	40 min	30-40 min	45 min
10ª semana	40 min	Descansar	30 min
Semana pós-corrida	35 min	Descansar	40 min

Após uma competição é o momento perfeito para estabelecer uma outra meta. Se você quiser manter esse programa, continue repetindo as 4ª a 8ª semanas. Se deseja melhorar o tempo, siga o Programa de Treinamento Avançado de Corrida. Se deseja correr mais longe, acompanhe *Maratona para mortais* (a ser publicado em 2010 pela Editora Gente).

O essencial da tabela

Exercício de corrida: Depois do aquecimento, caminhe por 5 minutos em ritmo rápido. Corra em uma velocidade conversável (que você ainda pode falar) a 6-7 da I-Escala de velocidade ou, se estiver usando um monitor de frequência cardíaca, ao máximo de 65-75%.

***Acelerações:** Corra em um ritmo fácil e inclua 4 a 6 acelerações curtas de 30 segundos durante a corrida. Acelere a sua passada para um ritmo desafiador, que você possa ouvir a sua respiração e se sentir fora da zona de conforto. Isso NÃO significa, de maneira nenhuma, uma velocidade exaustiva, simplesmente o nível acima do qual você estava caminhando. Mantenha a aceleração por, no máximo, 30 segundos. Seu nível de esforço deve ser 8 na I-Escala de velocidade, ou 80% do máximo de frequência cardíaca.

5ª feira	6ª feira	Sábado	Domingo
Cross-training ou descanso	Corrida	Corrida	Dia de descanso
Moderado	Conversável	Conversável	
6-7	6,5-7,5	6,5-7,5	
60-70%	65-75%	65-75%	
30-40 min	Descansar	45 min	Descansar
30-40 min	Descansar	45 min	Descansar
30-40 min	Descansar	50 min	Descansar
30-40 min	30 min	55 min	Descansar
30-40 min	30 min	45 min	Descansar
30-40 min	30 min	60 min	Descansar
30-40 min	40 min	50 min	Descansar
30-40 min	40 min	70 min	Descansar
30-40 min	30 min	45 min	Descansar
Descansar	Descansar	Corrida de 10 km	Descansar
30 min	Descansar	45 min	Descansar

Cross-training: Inclua atividades que não sejam corrida nem caminhada. Se você está iniciando um estilo de vida ativo e está inativo, descanse nos dias de *cross-training* pelas primeiras 4 semanas e depois adicione os exercícios de *cross-training* à programação da 5ª semana. Se você já está ativo há 3 ou 4 dias, siga a programação como ela aparece. Ciclismo, Pilates/yoga, treinamento de força, treinamento elíptico, subida de degraus e spinning são ótimas modalidades de *cross-training* para o treinamento de 5 km. O *cross-training* permite que você descanse os músculos, enquanto treina grupos de músculos opostos, e reduz o risco de excesso de treinamento e lesões. Isso ajuda na recuperação de velocidade e diminui o esgotamento. (Ver os exercícios de treinamento de força no capítulo 14.) Atividades de *cross-training* devem ser feitas em ritmo moderado de 6-7 na I-Escala de velocidade, ou 60-70% do máximo de frequência cardíaca.

Corrida para mortais – Programa avançado de treinamento de corrida de 10 km

O Programa de Treinamento Avançado de Corrida de 10 km é mais adequado para aqueles que correm por 45 a 60 minutos, no mínimo 4 vezes por semana, há pelo menos 1 ano.

Dia	2ª feira	3ª feira	4ª feira
Modalidade	Corrida	*Cross-training* ou descanso	Corrida
Ritmo ou intensidade	Conversável	Moderado	Desafiador
I-Escala de velocidade	6,5-7,5	6-7	8-9
Frequência cardíaca	65-75%	60-70%	80-90%
1ª semana	40 min	30-45 min	50 min *Acelerações
2ª semana	40 min	30-45 min	50 min *Acelerações
3ª semana	40 min	30-45 min	55 min *Acelerações
4ª semana	45 min	30-45 min	55 min *Exercício de velocidade A
5ª semana	45 min	30-45 min	45 min *Exercício de velocidade A
6ª semana	45 min	30-45 min	45 min *Exercício de velocidade A
7ª semana	45 min	30-45 min	55 min *Exercício de velocidade B
8ª semana	45 min	30-45 min	55 min *Exercício de velocidade C
9ª semana	45 min	30-45 min	55 min *Exercício de velocidade C
10ª semana	40 min	Descansar	40 min *Exercício de velocidade D
Semana pós-corrida	40 min	Descansar	40 min

Após uma corrida é o momento perfeito para estabelecer outra meta. Se você quiser manter esse programa, continue repetindo as 4ª a 8ª semanas. Se deseja correr competições mais longas, siga os programas de corrida em *Maratona para mortais* (a ser publicado em 2010 pela Editora Gente).

5ª feira	6ª feira	Sábado	Domingo
***Cross-training* ou descanso**	**Corrida**	**Corrida**	**Dia de descanso**
Moderado	**Conversável**	**Conversável**	
6-7	6,5-7,5	6,5-7,5	
60-70%	65-75%	65-75%	
30-45 min	40 min	45 min	Descansar
30-45 min	40 min	45 min	Descansar
30-45 min	40 min	50 min	Descansar
30-45 min	40 min	50 min	Descansar
30-45 min	40 min	45 min	Descansar
30-45 min	40 min	60 min	Descansar
30-45 min	40 min	50 min	Descansar
30-45 min	40 min	70 min	Descansar
30-45 min	40 min	45 min	Descansar
Descansar	30 min	Corrida de 10 km	Descansar
30-40 min	Descansar	45 min	Descansar

(continua)

(continuação)

O essencial da tabela

Exercício avançado de corrida: Após o aquecimento, caminhe por 5 minutos em ritmo rápido. Corra em uma velocidade conversável (que você ainda pode falar) a 6-7 na I-Escala de velocidade, ou, se você estiver usando um monitor de frequência cardíaca, ao máximo de 65-75%.

***Exercício de velocidade A:** Após o aquecimento, caminhe por 5 minutos em ritmo rápido. Corra por 10 minutos em uma passada fácil. Depois, repita 5 vezes o seguinte: Corra rapidamente por 2 minutos a 85-90% do máximo de frequência cardíaca ou a 8-9 na I-Escala de velocidade, seguido por uma corrida de 4 minutos em passada fácil para se recuperar. É fundamental ser disciplinado e correr as partes fáceis com facilidade. Caso contrário, a qualidade da sua corrida e o seu progresso ficarão prejudicados. Depois das repetições de 2 minutos, corra por 5 minutos sem esforço, depois relaxe.

***Exercício de velocidade B:** Após o aquecimento, caminhe por 5 minutos em ritmo rápido. Corra por 10 minutos em uma passada fácil. Depois, repita 5 vezes o seguinte: Corra rapidamente por 3 minutos a 85-90% do máximo de frequência cardíaca ou a 8-9 na I-Escala de velocidade, seguido por uma corrida de 3 minutos em uma passada fácil para se recuperar. É fundamental ser disciplinado e correr as partes fáceis com facilidade. Caso contrário, a qualidade da sua corrida e o seu progresso ficarão prejudicados. Depois das repetições de 3 minutos, corra por 5 minutos sem esforço, depois relaxe.

***Exercício de velocidade C:** Após o aquecimento, caminhe por 5 minutos em ritmo rápido. Corra por 5 minutos em uma passada fácil. Depois, repita 3 vezes o seguinte: Corra em um ritmo acelerado, mas confortável, por 10 minutos a 80-85% do máximo de frequência cardíaca ou a 80-8,5 na I-Escala de velocidade, seguido por uma corrida de 2 minutos em passada fácil para se recuperar. É fundamental ser disciplinado e correr as partes fáceis com facilidade. Caso contrário, a qualidade da sua corrida e o seu progresso ficarão prejudicados. Depois das repetições de 10 minutos, corra por 5 minutos sem esforço, depois relaxe.

***Exercício de velocidade D:** Após o aquecimento, caminhe por 5 minutos em ritmo rápido. Depois, repita 4 vezes o seguinte: Corra rapidamente por 1 minuto a 85-90% do máximo de frequência cardíaca ou a 8-9 na I-Escala de velocidade, seguido por uma corrida de 3 minutos em passada fácil para se recuperar. É fundamental ser disciplinado e correr as partes fáceis com facilidade. Caso contrário, a qualidade da sua corrida e o seu progresso ficarão prejudicados. Depois das repetições de 1 minuto, corra por 5 minutos sem esforço, depois relaxe.

***Acelerações:** Corra em ritmo fácil e inclua 6 a 8 acelerações curtas de 30 segundos durante a corrida. Acelere a sua passada para um ritmo desafiador, que você possa ouvir a sua respiração e se sentir fora da zona de conforto. Isso NÃO significa, de maneira nenhuma, uma velocidade exaustiva, simplesmente o nível acima do qual você estava caminhando. Mantenha a aceleração por, no máximo, 30 segundos. O seu nível de esforço deve ser 8, no nível de velocidade, ou 80% do máximo de frequência cardíaca.

Cross-training: Inclua atividades que não sejam corrida nem caminhada. Ciclismo, Pilates/yoga, treinamento de força, treinamento elíptico, subida de degraus e spinning são ótimas modalidades de *cross-training* para o treinamento de 5 km. O *cross-training* permite que você descanse os músculos, enquanto treina grupos de músculos opostos e reduz o risco de excesso de treinamento e lesões. Isso ajuda na recuperação de velocidade e diminui o esgotamento. (Ver os exercícios de treinamento de força no capítulo 14.) Atividades de *cross-training* devem ser feitas em ritmo moderado a 6-7 na I-Escala de velocidade, ou 60-70% do máximo de frequência cardíaca.

CORRIDA PARA MORTAIS – PROGRAMA DE PERDA DE PESO: FASE I

Dia	2ª feira	3ª feira	4ª feira
Modalidade	**Caminhada/ Caminhada-corrida**	**Treino de força**	**Caminhada *Acelerações**
Ritmo ou intensidade	**Conversável**	**1 série, 15 repetições**	**Conversável + Desafiador**
I-Escala de velocidade	6,5-7,5		7-8
Frequência cardíaca	65-75%		70-80%
1ª semana	Caminhar 30 min	30-40 min	30 min
2ª semana	Caminhar 30 min	30-40 min	30 min
3ª semana	Caminhar 30 min	30-40 min	30 min
4ª semana	Caminhar 3 min; Correr 1 min. Repetir 8 vezes para um total de 32 min.	30-40 min	35 min *Acelerações
5ª semana	Caminhar 3 min; Correr 1 min. Repetir 8 vezes para um total de 32 min.	30-40 min	35 min *Acelerações
6ª semana	Caminhar 4 min; Correr 1 min. Repetir 7 vezes para um total de 35 min.	30-40 min	35 min *Acelerações
7ª semana	Caminhar 4 min; Correr 1 min. Repetir 7 vezes para um total de 35 min.	30-40 min	40 min *Acelerações
8ª semana	Caminhar 4 min; Correr 1 min. Repetir 10 vezes para um total de 40 min.	30-40 min	40 min *Acelerações

	5ª feira	6ª feira	Sábado	Domingo
	Treino de força	**Caminhada/ Caminhada-corrida**	**Caminhada**	**Dia de descanso**
	1 série, 15 repetições	**Conversável**	**Conversável**	
		6,5-7,5	6-7	
		65-75%	60-70%	
	30-40 min	Caminhar 30 min	30 min	Descansar
	30-40 min	Caminhar 30 min	30 min	Descansar
	30-40 min	Caminhar 30 min	35 min	Descansar
	30-40 min	Caminhar 30 min	35 min	Descansar
	30-40 min	Caminhar 3 min; Correr 1 min. Repetir 8 vezes para um total de 32 min.	40 min	Descansar
	30-40 min	Caminhar 4 min; Correr 1 min. Repetir 8 vezes para um total de 32 min.	40 min	Descansar
	30-40 min	Caminhar 4 min; Correr 1 min. Repetir 6 vezes para um total de 30 min.	50 min	Descansar
	30-40 min	Caminhar 4 min; Correr 1 min. Repetir 6 vezes para um total de 30 min.	50 min	Descansar

(continua)

(continuação)

Dia	2ª feira	3ª feira	4ª feira
Modalidade	**Caminhada/ Caminhada-corrida**	**Treino de força**	**Caminhada *Acelerações**
Ritmo ou intensidade	**Conversável**	**1 série, 15 repetições**	**Conversável + Desafiador**
9ª semana	Caminhar 3 min; Correr 2 min. Repetir 11 vezes para um total de 44 min.	30-40 min	45 min *Acelerações
10ª semana	Caminhar 3 min; Correr 2 min. Repetir 8 vezes para um total de 40 min.	30-40 min	Caminhar 2 min; Correr 2 min. Repetir 9 vezes para um total de 36 min.
11ª semana	Caminhar 3 min; Correr 2 min. Repetir 8 vezes para um total de 40 min.	30-40 min	Caminhar 2 min; Correr 3 min. Repetir 7 vezes para um total de 35 min.
12ª semana	Caminhar 2 min; Correr 3 min. Repetir 9 vezes para um total de 45 min.	30-40 min	Caminhar 2 min; Correr 3 min. Repetir 7 vezes para um total de 35 min.

Exercício de caminhada: Caminhe em ritmo conversável (que você ainda pode falar) a 6-7 na I-Escala de velocidade, ou se você estiver usando um monitor de frequência cardíaca, a 60-70% do máximo de frequência cardíaca. Essa passada deve estar um nível acima da sua passada fácil de aquecimento ou um nível no qual você esteja respirando um pouco mais vigorosamente.

Exercício de caminhada-corrida: Após aquecimento, caminhe por 5 minutos em ritmo rápido. Corra em uma velocidade conversável (que você ainda pode falar) durante o número de minutos prescrito e siga com a caminhada em ritmo rápido durante os minutos pré-determinados. Exemplo: Caminhe por 3 minutos; corra por 1 minuto. Repita a sequência 8 vezes para um total de 32 minutos.

***Acelerações:** Caminhe em ritmo fácil e inclua 3 ou 4 acelerações curtas de 30 segundos durante a corrida. Acelere a sua passada para um ritmo desafiador, que você possa ouvir a sua respiração e se sentir fora da zona de conforto. Isso NÃO significa, de maneira nenhuma, uma velocidade exaustiva, simplesmente o nível acima do qual você estava caminhando. Mantenha a aceleração por, no máximo, 30 segundos. O seu nível de esforço deve ser 8 na I-Escala de velocidade, ou 80% do máximo de frequência cardíaca.

5ª feira	6ª feira	Sábado	Domingo
Treino de força	**Caminhada/ Caminhada-corrida**	**Caminhada**	**Dia de descanso**
1 série, 15 repetições	**Conversável**	**Conversável**	
30-40 min	Caminhar 2 min; Correr 2 min. Repetir 7 vezes para um total de 28 min.	60 min	Descansar
30-40 min	Caminhar 2 min; Correr 2 min. Repetir 7 vezes para um total de 28 min.	60 min	Descansar
30-40 min	Caminhar 2 min; Correr 3 min. Repetir 6 vezes para um total de 30 min.	60 min	Descansar
30-40 min	Caminhar 2 min; Correr 3 min. Repetir 6 vezes para um total de 30 min.	60 min	Descansar

Treinamento de força: Faça treino de força com aparelhos, pesos ou tubos de resistência/faixas, ou aulas como Pilates, *toning** ou yoga. Considere trabalhar com um personal trainer. Existem muitas formas de incluir um treinamento de resistência em sua vida; encontre uma de que você mais goste. Inclua exercícios de treinamento de força para a parte superior do corpo, cinturão de força (abdome e tronco) e parte inferior do corpo 2 vezes por semana. Isso aumentará a definição do tecido muscular, estimulará o metabolismo em descanso e irá prevenir a temível perda de massa muscular com a idade. Quanto mais músculos nós perdemos, mais o nosso metabolismo cai. Inicie a sessão de treinamento de força pelo aquecimento com 10 minutos de atividade cardíaca (p. ex., pedalar, treinamento elíptico, ou máquina de subir escadas). Faça os exercícios de treinamento de força da Fase III: Uma série por exercício, 15 repetições por série. O seu objetivo é fatigar o músculo até atingir a 15ª repetição ou não poder mais realizar o exercício de forma bem feita e controlada. Selecione o peso ou resistência apropriados para concluir o exercício efetivamente.

* Tonificação muscular. (N.E.)

Corrida para mortais – Programa de perda de peso: Fase II

A Fase II foi desenvolvida para aqueles que completaram a Fase I, ou se exercitam 3 ou 4 vezes por semana há, pelo menos, 3 meses.

Dia	2ª feira	3ª feira	4ª feira
Modalidade	Corrida-caminhada	Treino de força	Corrida-caminhada
Ritmo ou intensidade	Conversável	2-3 séries, 15 repetições	Conversável
I-Escala de velocidade	6,5-7,5		6,5-7,5
Frequência cardíaca	65-75%		65-75%
1ª semana	Correr 3 min; Caminhar 2 min. Repetir 8 vezes para um total de 40 min.	40 min	Correr 3 min; Caminhar 2 min. Repetir 8 vezes para um total de 40 min.
2ª semana	Correr 3 min; Caminhar 1 min. Repetir 8 vezes para um total de 40 min.	40 min	Correr 3 min; Caminhar 1 min. Repetir 8 vezes para um total de 40 min.
3ª semana	Correr 3 min; Caminhar 2 min. Repetir 8 vezes para um total de 40 min.	40 min	Correr 3 min; Caminhar 2 min. Repetir 8 vezes para um total de 40 min.
4ª semana	Correr 3 min; Caminhar 2 min. Repetir 8 vezes para um total de 40 min.	40 min	Correr 4 min; Caminhar 2 min. Repetir 7 vezes para um total de 42 min.
5ª semana	Correr 4 min; Caminhar 2 min. Repetir 7 vezes para um total de 42 min.	40 min	Correr 4 min; Caminhar 2 min. Repetir 7 vezes para um total de 42 min.
6ª semana	Correr 4 min; Caminhar 2 min. Repetir 7 vezes para um total de 42 min.	40 min	Correr 5 min; Caminhar 2 min. Repetir 6 vezes para um total de 42 min.
7ª semana	Correr 5 min; Caminhar 2 min. Repetir 6 vezes para um total de 42 min.	40 min	Correr 5 min; Caminhar 2 min. Repetir 6 vezes para um total de 42 min.

	5ª feira	**6ª feira**	**Sábado**	**Domingo**
	Treino de força	**Caminhada**	**Corrida-caminhada**	**Dia de descanso**
	2-3 séries, 15 repetições	**Conversável**	**Conversável**	
		6,5-7,5	6-7	
		65-75%	60-70%	
	40 min	60 min	Correr 3 min; Caminhar 2 min. Repetir 9 vezes para um total de 45 min.	Descansar
	40 min	60 min	Correr 3 min; Caminhar 2 min. Repetir 9 vezes para um total de 45 min.	Descansar
	40 min	60 min	Correr 4 min; Caminhar 2 min. Repetir 8 vezes para um total de 48 min.	Descansar
	40 min	60 min	Correr 4 min; Caminhar 2 min. Repetir 8 vezes para um total de 48 min.	Descansar
	40 min	60 min	Correr 5 min; Caminhar 2 min. Repetir 7 vezes para um total de 49 min.	Descansar
	40 min	60 min	Correr 5 min; Caminhar 2 min. Repetir 7 vezes para um total de 49 min.	Descansar
	40 min	60 min	Correr 6 min; Caminhar 2 min. Repetir 6 vezes para um total de 48 min.	Descansar

(continua)

(continuação)

Dia	2ª feira	3ª feira	4ª feira
Modalidade	**Corrida-caminhada**	**Treino de força**	**Corrida-caminhada**
Ritmo ou intensidade	**Conversável**	**2-3 séries, 15 repetições**	**Conversável**
8ª semana	Correr 5 min; Caminhar 2 min. Repetir 6 vezes para um total de 42 min.	40 min	Correr 6 min; Caminhar 2 min. Repetir 6 vezes para um total de 48 min.
9ª semana	Correr 6 min; Caminhar 2 min. Repetir 6 vezes para um total de 48 min.	40 min	Correr 6 min; Caminhar 2 min. Repetir 6 vezes para um total de 48 min.
10ª semana	Correr 6 min; Caminhar 2 min. Repetir 5 vezes para um total de 40 min.	40 min	Correr 6 min; Caminhar 1 min. Repetir 7 vezes para um total de 49 min.
11ª semana	Correr 6 min; Caminhar 1 min. Repetir 6 vezes para um total de 42 min.	40 min	Correr 6 min; Caminhar 1 min. Repetir 7 vezes para um total de 49 min.
12ª semana	Correr 6 min; Caminhar 1 min. Repetir 6 vezes para um total de 42 min.	40 min	Correr 7 min; Caminhar 1 min. Repetir 6 vezes para um total de 48 min.

Exercício: Depois do aquecimento, caminhe por 5 minutos em ritmo rápido. Corra em uma velocidade conversável (que você ainda pode falar) durante o número de minutos prescrito e siga com a caminhada em ritmo rápido durante os minutos pré-determinados. Exemplo: Caminhe por 3 minutos; corra por 2 minutos. Repita a sequência 8 vezes para um total de 40 minutos.

Treinamento de força: Faça treino de força com aparelhos, pesos ou tubos de resistência/faixas, ou aulas como Pilates, *toning* ou yoga. Considere trabalhar com um personal trainer. Existem muitas formas de incluir um treinamento de resistência em sua vida; encontre um de que você mais goste. Isso aumentará a definição do tecido muscular, estimulará o metabolismo em descanso e irá prevenir

5ª feira	6ª feira	Sábado	Domingo
Treino de força	**Caminhada**	**Corrida-caminhada**	**Dia de descanso**
2-3 séries, 15 repetições	**Conversável**	**Conversável**	
40 min	60 min	Correr 6 min; Caminhar 1 min. Repetir 7 vezes para um total de 49 min.	Descansar
40 min	60 min	Correr 6 min; Caminhar 1 min. Repetir 7 vezes para um total de 49 min.	Descansar
40 min	60 min	Correr 6 min; Caminhar 1 min. Repetir 7 vezes para um total de 49 min.	Descansar
40 min	60 min	Correr 7 min; Caminhar 1 min. Repetir 6 vezes para um total de 48 min.	Descansar
40 min	60 min	Correr 7 min; Caminhar 1 min. Repetir 6 vezes para um total de 48 min.	Descansar

a temível perda de massa muscular com a idade. Quanto mais músculos nós perdemos, mais o nosso metabolismo cai. Inicie a sessão de treinamento de força pelo aquecimento com 10 minutos de atividade cardíaca (p. ex., pedalar, treinamento elíptico, ou máquina de subir escadas). Faça os exercícios de treinamento de força da Fase III: Uma série por exercício, 15 repetições por série. O seu objetivo é fatigar o músculo até atingir a 15ª repetição ou não poder mais realizar o exercício de forma bem feita e controlada. Selecione o peso ou resistência apropriados para concluir o exercício efetivamente.

Corrida para mortais – Programa de perda de peso: Fase III

A Fase III foi desenvolvida para aqueles que completaram a Fase II ou correm regularmente no mínimo 3 ou 4 vezes por semana, há pelo menos 3 meses. Essa fase incorpora treinamento em circuito, estimulação do metabolismo, e corrida contínua para acentuar a perda de peso e manter um peso saudável.

Dia	2ª feira	3ª feira	4ª feira
Modalidade	Corrida	Circuito de exercícios de força	Corrida
Ritmo ou intensidade	Conversável	2-3 séries, 15 repetições	Conversável + Desafiador
I-Escala de velocidade	6,5-7,5		7-8,5
Frequência cardíaca	65-75%		70-85%
1ª semana	30 min	45 min Circuito de exercício	Correr 8 min; Caminhar 1 min. Repetir 5 vezes para um total de 45 min.
2ª semana	30 min	45 min Circuito de exercício	Correr 8 min; Caminhar 1 min. Repetir 5 vezes para um total de 45 min.
3ª semana	30 min	45 min Circuito de exercício	Correr 8 min; Caminhar 1 min. Repetir 5 vezes para um total de 45 min.
4ª semana	30 min	45 min Circuito de exercício	Correr 9 min; Caminhar 1 min. Repetir 5 vezes para um total de 50 min.
5ª semana	35 min	45 min Circuito de exercício	Correr 9 min; Caminhar 1 min. Repetir 5 vezes para um total de 50 min.
6ª semana	35 min	45 min Circuito de exercício	45 min; 50 min. Repetir 5 vezes
7ª semana	40 min	45 min Circuito de exercício	45 min; *Acelerações

5ª feira	6ª feira	Sábado	Domingo
Treino de força	**Queima dupla: Corrida + Caminhada**	**Corrida**	**Dia de descanso**
2-3 séries, 15 repetições	**Conversável**	**Conversável**	
	6,5-7,5	6,5-7,5	
	65-75%	65-75%	
40 min	manhã: Correr 30 min noite: Caminhar 30 min	35 min	Descansar
40 min	manhã: Correr 30 min noite: Caminhar 30 min	35 min	Descansar
40 min	manhã: Correr 30 min noite: Caminhar 30 min	40 min	Descansar
40 min	manhã: Correr 30 min noite: Caminhar 30 min	40 min	Descansar
40 min	manhã: Correr 30 min noite: Caminhar 30 min	40 min	Descansar
40 min	manhã: Correr 30 min noite: Caminhar 30 min	45 min	Descansar
40 min	manhã: Correr 30 min noite: Caminhar 30 min	45 min	Descansar

(continua)

(continuação)

Dia	2ª feira	3ª feira	4ª feira
Modalidade	**Corrida**	**Circuito de exercício de força**	**Corrida *Acelerações**
Ritmo ou intensidade	**Conversável**	**1 série, 8-12 repetições**	**Conversável + Desafiador**
8ª semana	40 min	45 min Circuito de exercício	45 min *Acelerações
9ª semana	40 min	45 min Circuito de exercício	45 min *Acelerações
10ª semana	40 min *Corrida montanhosa	45 min Circuito de exercício	45 min *Acelerações
11ª semana	40 min *Corrida montanhosa	45 min Circuito de exercício	50 min *Acelerações
12ª semana	40 min *Corrida montanhosa	45 min Circuito de exercício	50 min *Acelerações

Exercício de corrida-caminhada: Após o aquecimento, caminhe por 5 minutos em ritmo rápido. Corra em uma velocidade conversável (que você ainda pode falar) durante o número de minutos prescrito e siga com a caminhada em ritmo rápido durante os minutos pré-determinados. Exemplo: Caminhe por 8 minutos; corra por 1 minuto. Repita a sequência 5 vezes para um total de 45 minutos.

***Acelerações:** Corra em ritmo fácil e inclua 6 ou 8 acelerações curtas de 30 segundos durante a corrida. Acelere a sua passada para um ritmo desafiador, que você possa ouvir a sua respiração e se sentir fora da zona de conforto. Isso NÃO significa, de maneira nenhuma, uma velocidade exaustiva, simplesmente o nível acima do qual você estava caminhando. Mantenha a aceleração por, no máximo, 30 segundos. O seu nível de esforço deve ser 8 na I-Escala de velocidade, ou de 80% do máximo de frequência cardíaca.

Exercício de corrida: Depois do aquecimento, caminhe por 5 minutos em ritmo rápido. Corra em um ritmo conversável (que você ainda pode falar) a 6-7 da I-Escala de velocidade, ou se você estiver usando um monitor de frequência cardíaca, a 60-70% do máximo de frequência cardíaca.

Corrida montanhosa: Depois do aquecimento, caminhe por 5 minutos em ritmo rápido. Incorpore 3 ou 4 colinas íngremes à corrida. Seja ao ar livre ou na esteira, adicionar colinas aumenta a frequência cardíaca e queima de calorias. Essa também é uma ótima maneira de fortalecer as suas pernas. Comece com 3 colinas e adicione 1 colina a cada semana.

Diversão em dobro – correr + caminhar: Incluir uma caminhada noturna de 30 minutos irá estimular o seu metabolismo 2 vezes naquele dia e queimar mais calorias. Caminhe com o cachorro, leve a família para passear depois do jantar, ou mesmo caminhe pelo quarteirão algumas vezes. Isso não precisa ser cansativo; uma caminhada tranquila irá estimular o seu metabolismo uma última vez.

Treinamento de força: Faça treino de força com aparelhos, pesos ou tubos de resistência/faixas, ou aulas como Pilates, *toning* ou yoga. Considere trabalhar com um personal trainer. Existem muitas formas de incluir um treinamento de resistência em sua vida; encontre uma de que você mais goste.

5ª feira	6ª feira	Sábado	Domingo
Treino de força	**Queima dupla: Corrida + Caminhada**	**Corrida**	**Dia de descanso**
2-3 séries, 15 repetições	**Conversável**	**Conversável**	
40 min	manhã: Correr 30 min noite: Caminhar 30 min	45 min	Descansar
40 min	manhã: Correr 30 min noite: Caminhar 30 min	50 min	Descansar
40 min	manhã: Correr 30 min noite: Caminhar 30 min	50 min	Descansar
40 min	manhã: Correr 30 min noite: Caminhar 30 min	50 min	Descansar
40 min	manhã: Correr 30 min noite: Caminhar 30 min	60 min	Descansar

Inclua exercícios de treinamento de força para a parte superior do corpo, cinturão de força (abdome e tronco), e parte inferior do corpo 2 vezes por semana. Inicie a sessão de treinamento de força pelo aquecimento com 10 minutos de atividade cardíaca (p. ex., pedalar, treinamento elíptico, ou máquina de subir escadas). Faça os exercícios de treinamento de força a seguir: 2 ou 3 séries por exercício, com 8 a 12 repetições por série. O seu objetivo é fatigar o músculo dentre 8-12 repetições ou até você não poder mais realizar o exercício de forma bem feita e controlada. Selecione o peso ou resistência apropriada para concluir o exercício efetivamente.

Circuito de exercício: Faça o aquecimento com 10 minutos pedalando, exercitando-se na máquina de subir escadas, ou usando outro equipamento cardiovascular que não a esteira. Realize 2 ou 3 séries de 8 a 12 repetições para cada grupo muscular nos braços (bíceps, tríceps, ombros), depois faça mais 5 minutos de atividade cardiovascular em ritmo moderado, a 60-70% do máximo de frequência cardíaca ou a 6-7 na I-Escala de velocidade. Realize de 8 a 12 repetições de 3 ou 4 exercícios para cada grupo muscular no peito e nas costas (p. ex., flexões, supino vertical, musculação dorsal, remo), depois faça mais 5 minutos de atividade cardiovascular em ritmo moderado. Realize uma série de 8 a 12 repetições de 3 a 4 exercícios para cada grupo muscular da parte inferior do corpo (p. ex., impulso frontal, agachamento, flexão dos joelhos, flexão do quadril), depois faça 5 minutos de atividade cardiovascular em ritmo moderado. Faça uma série de 15 a 20 repetições de 3 a 4 exercícios para o cinturão de força, o abdome e a base das costas (p. ex., abdominais tradicionais, flexões, posição de prancha). É muito importante se mover de um exercício a outro tão rápido quanto possível, deixando a ginástica mais difícil e queimando mais calorias. Termine a ginástica com exercícios de flexibilidade.

Estimulantes do metabolismo: Comece a incorporar microestimulantes do metabolismo na sua vida diária. Use as escadas em vez de escadas rolantes ou elevadores; estacione longe das entradas no trabalho, escola, ou lojas; caminhe para entregar memorandos em vez de mandá-los por e-mail aos colegas de trabalho. Consiga um podômetro e veja quantos passos você dá (fora da corrida) durante um dia comum. Tente dar 5 mil a 8 mil passos todos os dias. Esses queimadores de energia ajudam a reduzir ou manter o seu peso.

Este livro foi impresso pela Paulus Gráfica em papel *offset* 75g.